Christus

seine spirituelle Lehre
in seinen eigenen Worten
aus dem Neuen Testament

Impressum:

Copyright: 2008 by Harry Eilenstein

Coverphoto: Chistus-Darstellung in Ravenna

Herstellung und Verlag: Books on Demand GmbH, Norderstedt

ISBN: 978-3837-05882-6

in Dankbarkeit
für
Osiris, Christus, Tiphareth,
Odin, Buddha und Krishna

Inhaltsverzeichnis

Das Ziel dieses Buches

Unsere westliche Kultur ist weitestgehend durch das Christentum geprägt worden. Nach zweitausend Jahren Überlieferung haben sich viele traditionelle Formen der christlichen Religion herausgebildet, von denen ein Teil zum Dogma und somit zum vorgeschriebenen Verhaltenskodex erhoben worden ist.

Daneben gab es auch immer wieder Bestrebungen von Mystikern, die durch Christus vorgelebte und dargestellte Lebensweise „in Gott" auch ganz konkret zu leben und zu erleben.

Wenn man heute in der westlichen Kultur versucht, sich seiner selbst bewußt zu werden, ist es sehr hilfreich, sich auch einmal die Wurzeln unserer christlich geprägten Kultur näher anzusehen, da sie sozusagen einen Teil des Humus bilden, in denen man als Mensch in der westlichen Welt aufgewachsen ist und der uns als „Pflanzen", die in ihm gewachsen sind, mitgeprägt hat.

Da jede existierende Religion schon eine weitere Interpretation der Worte und Taten des Begründers der entsprechenden Religion ist, ist es sinnvoll, sich auch einmal die Worte des Gründers selber anzusehen. ... und auch dieses Büchlein ist natürlich nur eine solche Interpretation und ein Versuch, zu verstehen, was vor 2.000 Jahren in Israel vor sich gegangen ist.

Letztlich sind natürlich auch die Worte eines Religionsgründers Versuche, das eigene Erleben darzustellen – daher kommt man letztlich um das eigene Erleben nicht herum, wenn man den Gehalt der sprituellen Lehren verstehen will. Worte sind immer nur Hinweisschilder, aber nicht das, auf das hingewiesen wird. Aber die Worte des Religionsgründers sind zumindest am nächsten an dem Erlebnis des Gründers und noch am wenigsten interpretiert.

Neben den Religionen, die von einer inspirierten Person gegründet worden sind wie Z.B. das Christentum, der Islam oder der Buddhismus gibt es auch Religionen, die allmählich gewachsen sind wie z.B. der Hindhuismus.

Die Überlieferung im Christentum und im Buddhismus ist allerdings genaugenommen auch noch indirekt, da weder Buddha noch Christus selber irgendwelche Texte verfaßt haben, sondern die gesamte Überlieferung von ihren Schülern stammt. Eine wirklich direkte Überlieferung gibt es bei den heute oder früher weitverbreiteten Religionen nur bei Zarathustra und bei Mohammed.

Mein Ziel in dem vorliegenden Buch ist es, Christi Aussagen zu seiner spirituellen Haltung im Neuen Testament zu betrachten und zusammenzustellen und zu schauen, ob sich daraus eine schlüssige und überzeugende Haltung ergibt.

Zu diesem Zweck habe ich Zitate aus der Bibel gesammelt, in denen Christus etwas über die sinnvolle spirituelle Haltung sagt, und sie mit einem kurzen Kommentar versehen, der bisweilen auch einen Vergleich mit den Aussagen von Buddha, Lao-tse, Mohammed oder anderen spirituellen Lehrern enthält. Dabei bin ich von der von Christus für am wichtigsten gehaltenen Grundeinstellung ausgegangen und über die sich daraus ergebenden Folgerungen allmählich zu den Details übergegangen.

Meines Erachtens ist aber auch solch eine Betrachtung kein Ersatz für das eigene Streben und Erleben, sondern eher eine Inspirationsquelle für die Weiterentwicklung der eigenen Lebenshaltung.

Den Wert einer solchen Betrachtung kann man meines Erachtens am sinnvollsten daran messen, wie sehr sie einen selber inspiriert und neue spirituelle Erlebnisse ermöglicht oder zumindestens begünstigt. Falls Diese Betrachtung bei dem einen oder anderen Leser etwas ein wenig in diese Richtung bewegt, würde ich mich sehr freuen.

am Karfreitag 2008

Harry Eilenstein

Textquellen

Als Quellen für eine solche Betrachtung bieten sich zunächst einmal die vier Evangelien und die Apostelgeschichte an. Sie werden ergänzt durch die übrige Bibel, durch die apokryphen Schriften, also die Evangelien, die nicht in die Bibel aufgenommen wurden, und schließlich gelegentlich noch durch die Schriften der christlichen Mystiker, wobei hier vor allem die Schriften von Meister Ekkehardt berücksichtigt wurden.

Die zitierten Texte wurden in diesem Kapitel eingerückt und in Anführungszeichen gesetzt.

Die Quellenhinweisen wurden wie folgt abgekürzt:

Ap	Apostelgeschichte
Aug	Augustinus
gMk	geheimes Markusevangelium (apokryph)
Jo	Johannes-Evangelium
KTho	Kindheitsevangelium des Thomas (apokryph)
Lu	Lukas-Evangelium
ME	Meister Ekkehart
Mk	Markus-Evangelium
Mt	Matthäus-Evangelium
Tho	Thomas-Evangelium (apokryph)

Christi Grundhaltung

Wenn man das Neue Testament auf der Suche nach der Kernaussage von Christi Lehre durchforscht, findet sich glücklicherweise eine Stelle, an der beschrieben wird, wie Christus nach dem Kern seiner Lehre befragt wird und wie er sie beantwortet:

> „Meister, welches ist das vornehmste Gebot im Gesetz? Jesus aber sprach zu ihm: "Du sollst lieben Gott, Deinen Herrn, von ganzem Herzen, von ganzer Seele und von ganzem Gemüte. Dies ist das vornehmste und größte Gebot. Das andere aber ist ihm gleich: Du sollst Deinen Nächsten lieben als Dich selbst. In diesen zwei Geboten hanget das ganze Gesetz und die Propheten."" (Mt 22. 36-40)

Es ist also die Liebe zu Gott, die der Kern von Christi Haltung ist. Diese Haltung drückt sich in allen seinen Reden und Taten aus. Aus der Liebe zu Gott folgt dann die Liebe zu den Menschen.

Dies gleicht ganz dem buddhistischen Ansatz, in dem die Liebe zu Gott etwas abstrakter als das Streben nach Erleuchtung formuliert wird und in dem die Nächstenliebe, die "Erleuchtungsgeist" (boddhicitta) genannt wird, als die Qualität angesehen wird, die den Strebenden letzten Endes zur Erleuchtung trägt.

Im Hindhuismus wird diese Haltung der Liebe zu Gott Bakhti-Yoga genannt.

Von den islamischen Mystikern betont vor allem Ibn Arabi die Liebe zu Gott als das Element, das die Verbindung zwischen den Menschen und Gott herstellt.

In der Kabbala der hebräischen Mystik wird das Streben nach Gott und die Liebe zu Gott durch die "Schlange der Weisheit" dargestellt, die sich den Lebensbaum hinaufschlängelt. Diese Schlange entspricht auch der Kundalini der Inder und der Uräus-Schlange an der Stirn des Pharaos. Auch der Drache in China hat diese Symbolik.

Wenn die Schlange den Himmel erreicht, wird die Erde wieder mit Gott verbunden; wenn die Uräus-Schlange zur Stirn des Pharaos aufgestiegen ist, wohnt der Sonnengott in ihm; wenn die Kundalinischlange das Scheitelchakra auf dem Kopf erreicht, erlangt der Yogi die Erkenntnis und das Erlebnis Gottes; wenn der Drache sich in dem „Gelben Kaiser" niederläßt, ist er mit dem Himmelsgott verbunden und wird zum „Sohn des Himmels".

Im Vergleich zu der Schlangensymbolik bei anderen Völkern erscheint die jüdisch-christliche Schlangensymbolik im 1. Buch Genesis etwas verzerrt zu sein – immerhin taucht auch hier die Schlange im Zusammenhang mit dem Baum der Erkenntnis auf.

Christus und vor ihm Moses sieht offenbar die Menschen, da sie Gottes Schöpfung sind, als von Gott untrennbar an, weshalb ihnen dieselbe Liebe gilt wie Gott selber – man liebt Gott in den Menschen.

Diese Anschauung findet sich bei allen Mystikern wieder, die die Seele des Menschen zum einen als das „Samenkorn" des menschlichen Leibes und zum anderen als einen „Funken" von „Gottes Feuer" ansehen. Somit ist die Welt letztlich so etwas wie Gottes Leib.

Insbesondere im Hinduismus steht die Identität der menschlichen Seele (Atman) mit dem Einen Gott (Brahman) im Mittelpunkt der spirituellen Anschauungen und Übungen. Im Buddhismus findet sich diese Anschauung in dem bekannten Satz aus dem Herzsutra „Leere ist Form und Form ist Leere" zusammengefaßt – wobei die Leere Gottes Einheit und die Form die Vielheit der Welt bezeichnet. Die jüdischen Mystiker haben diesen Zusammenhang auf fast wörtlich dieselbe Weise formuliert: „Kether (Gott) ist Malkuth (Welt) und Malkuth ist Kether, nur auf eine andere Weise."

Die Liebe zu den Menschen beruht letztlich in der Erkenntnis und dem Erlebnis, daß Gott in allem ist – in einem selber und in allen anderen. Das bedeutet letztlich, daß das Außen von dem Innen nicht verschieden ist.

Zu dieser Erkenntnis kommt man ja auch, wenn man die materiellen Zusammenhänge betrachtet: Dieses Brötchen erscheint mir als Nicht-Ich, solange es vor mir liegt, aber als Ich, wenn ich es gegessen habe; dieser Fingernagel erscheint mir als Ich, solange er an meiner Hand ist, aber das abgeschnittene Stückchen wird sofort zu einem Nicht-Ich. Auch die moderne Physik hat inzwischen ein Modell, in dem alle Erscheinungen nur Gestalten einer einzigen, allem zugrundeliegenden einheitlichen Realität ist.

Die berühmteste Formulierung dieser Erkenntnis findet sich in den indischen Upanishaden: „Tat twam asi" – „Das (dort im außen) ist (auch) Du."

Der Weg zu Gott: Belehrung, Einweihung und Übung

Es stellt sich nun die Frage, wie man dahin kommen kann, Gott zu lieben und als Folge davon auch die Menschen zu lieben.

Im tibetischen Buddhismus wird als Grundlage für dieses Streben immer die "Belehrung und Kraftübertragung" beschrieben – also eine Zeremonie, bei der der „Meister", der bereits den Kontakt zu Gott hergestellt hat, seinen Schüler an seinem Erleben dieser Verbindung mit Gott teilhaben läßt und dann dem Schüler erläutert, wie er auch ohne die Hilfe seines Meisters zu diesem Erlebnis gelangen kann. Dieser Vorgang der Einweihung ist aus fast allen Religionen bekannt. Es bietet sich daher an, zu schauen, ob er auch in der Bibel auftaucht, was ja anzunehmen ist, da alle Religionen dieselbe Welt beschreiben und daher letztlich auch dieselben "Regeln" herausfinden und beschreiben sollten.

Eine solche Kraftübertragung findet sich an mehreren Stellen im Alten und im Neuen Testament beschrieben:

"Und da sie hinüberkamen, sprach Elia zu Elisa: Bitte, was ich Dir tun soll, ehe ich von Dir genommen werde. Elisa sprach: Daß mir werde ein zwiefältig Teil von Deinem Geiste. Er sprach: Du hast ein Hartes gebeten. Doch, so Du mich sehen wirst, wenn ich von dir genommen werde, so wird's ja sein; wo nicht, so wird's nicht sein. Und da sie miteinander gingen und redeten, siehe, da kam ein feuriger Wagen mit feurigen Rossen, die schieden die beiden voneinander; und Elia fuhr als im Wetter gen Himmel. Elisa aber sah und schrie: Mein Vater, mein Vater, Wagen Israels und seine Reiter! und sah ihn nicht mehr. Und er faßte seine Kleider und zerriß sie in zwei Stücke und hob auf den Mantel Elias, der ihm entfallen war, und kehrte um und trat an das Ufer des Jordans und nahm den Mantel Elias, der ihm entfallen war, und schlug ins Wasser und sprach: Wo ist nun der Herr, der Gott Elias? und schlug ins Wasser; da teilte sich's auf beide Seiten, und Elisa ging hindurch. Und da ihn sahen der Propheten Kinder, die gegenüber zu Jericho waren, sprachen sie: Der Geist Elias ruht auf Elisa." (2. Könige 2. 9-15)

"Zu der Zeit kam Jesus aus Galiläa an den Jordan zu Johannes, daß er sich von ihm taufen ließe. Aber Johannes wehrte ihm und sprach: "Ich bedarf wohl, daß ich von Dir getauft werde, und Du kommst zu mir?" Jesus aber antwortete und sprach zu ihm: "Laß es jetzt also sein: also gebührt es uns, alle Gerechtigkeit zu erfüllen." Da ließ er's zu. Und da Jesus getauft war, stieg er alsbald herauf aus dem Wasser; und siehe, da tat sich der Himmel auf über ihm. Und er sah den Geist Gottes gleich einer Taube herabfahren und über ihn kommen. Und siehe, eine Stimme vom Himmel herab sprach: "Dies ist mein lieber Sohn, an welchem ich Wohlgefallen habe."

Da ward Jesus vom Geist in die Wüste geführt, auf daß er von dem Teufel versucht würde. Und da er vierzig Tage und vierzig Nächte gefastet hatte, hungerte ihn. Und der Versucher trat zu ihm und sprach: "Bist Du Gottes Sohn, so sprich, daß diese Steine Brot werden." Und er antwortete und sprach: "Es steht geschrieben: "Der Mensch lebt nicht vom Brot allein, sondern von einem jeglichen Wort, das durch den Mund Gottes geht."" Da führte ihn der Teufel mit sich in die heilige Stadt und stellte ihn auf die Zinne des Tempels und sprach zu ihm: "Bist Du Gottes Sohn, so laß Dich hinab; denn es steht geschrieben: "Er wird seinen Engeln über Dir Befehl tun, und sie werden Dich auf den Händen tragen, auf daß Du Deinen Fuß nicht an einem Stein stoßest."" Da sprach Jesus zu ihm: "Wiederum steht auch geschrieben: "Du sollst Gott, Deinen Herrn, nicht versuchen."" Wiederum führte ihn der Teufel mit sich auf einen sehr hohen Berg und zeigte ihm alle Reiche der Welt und ihre Herrlichkeit und sprach zu ihm: "Das alles will ich Dir geben so Du niederfällst und mich anbetest."Da sprach Jesus zu ihm: "Hebe Dich weg von mir, Satan! denn es steht geschrieben: "Du sollst anbeten Gott, Deinen Herrn, und ihm allein dienen."" Da verließ ihn der Teufel; und siehe, da traten die Engel zu ihm und dienten ihm." (Mt 3. 13 - 4. 11)

"Und als der Tag der Pfingsten erfüllt war, waren sie alle einmütig beieinander. Und es geschah ein Brausen vom Himmel als eines gewaltigen Windes und erfüllte das ganze Haus, da sie saßen. Und es erschienen ihnen Zungen, zerteilt, wie von Feuer; und es setzte sich auf einen jeglichen unter ihnen; und sie wurden alle voll des heiligen

Geistes und fingen an, zu predigen mit anderen Zungen, nach dem der Geist ihnen gab auszusprechen." (Ap 2. 1-4)

Der Prophet Elia gab seinem Schüler Elisa vor seinem Tod seinen Segen, "einen Teil von seinem Geist", wobei er dies nur mit dem Einverständnis Gottes tun konnte. Auch die Taufe Christi durch Johannes den Täufer war so eine Kraftübertragung, wobei die Kraft, also der Segen oder der Heilige Geist nicht aus Johannes selber herauskam, sondern vom Himmel herab. Bei dem Pfingstwunder war Christus im Jenseits der Segnende, so wie er es vorhergesagt hat.

Gott selber als Quelle des Segens wird auch an anderen Stellen deutlich, z.B. in der Szene, in der Moses seinen Nachfolger Josua bestimmt und segnet (5. Mose 31. 1-23), da hier Gott selber als Wolkensäule erscheint und aus ihr heraus spricht.

In diesen Szenen zeigt sich deutlich, daß der Segen von Gott das ist, was dem Gesegneten seinen Einfluß und auch seine Fähigkeit, Wunder zu tun, gibt: Durch den Segen wird der Gesegnete so eng mit Gott verbunden und so „offen auf Gott hin", daß Gott durch ihn handeln kann, d.h. genauer gesagt, daß der Gesegnete es wünschen, ertragen und geschehen lassen kann, daß Gott durch ihn handelt.

Selbst Christus betont, daß er nicht derjenige ist, von dem der Segen ausgeht, sondern daß es Gott Vater in ihm ist, der durch Christus hindurch den Segen wirkt:

"Jesus spricht zu ihm (Thomas): "Ich bin der Weg und die Wahrheit und das Leben; niemand kommt zum Vater denn durch mich. Wenn ihr mich kennet, so kennet ihr auch meinen Vater. Und von nun an kennet ihr ihn und habt ihn gesehen." Spricht zu ihm Phillipus: "Herr, zeige uns den Vater, so genüget uns." Jesus spricht zu ihm: " So lange bin ich bei euch, und Du kennest mich nicht, Phillipus? Wer mich sieht, der sieht den Vater; wie sprichst du denn: Zeige uns den Vater? Glaubst Du nicht, daß ich im Vater und der Vater in mir ist? Die Worte, die ich zu euch rede, die rede ich nicht von mir selbst. Der Vater aber, der in mir wohnet, der tut die Werke. Glaubet mir, daß ich im Vater und der Vater in mir ist; wo nicht, so glaubet mir doch um der Werke willen. Wahrlich, wahrlich, ich sage euch: Wer an mich glaubt, der wird Werke auch tun, die ich tue, und der wird größere denn diese tun; denn ich gehe zum Vater. Und was ihr bitten werdet in meinem Namen, das will ich tun, auf das der Vater geehrtet werde in dem Sohne. Was ihr bitten werdet in meinem Namen, das will ich tun." (Jo 14. 6-14)

Diese Segnung findet nicht nur einmal statt, sondern sie kann immer wiederholt werden – auch Christus hat regelmäßig auf Bergen gebetet. Die erste Verbindung (Taufe, Kraftübertragung) zu Gott ist die eigentliche Einweihung, gewissermaßen das Öffnen des Schleiers, aber danach wird es das grundlegende Bedürfnis sein, immer wieder zu dem Erleben Gottes zurückzukehren und von dort aus zu handeln.

Wenn man diese Verbindung einmal erlebt hat, wird aus dem entschlossenen, auf Einsicht gegründeten Streben nach Gott, das man zunächst einmal am Anfang seines Weges hat, eine Sehnsucht nach Gott, da man nun die Verbindung mit Gott erlebt hat und daher an die Stelle des Vermeidens des Leides in der Welt die Sehnsucht nach der Freude in Gott tritt. Und aus der Sehnsucht und dem immer wieder hergestellten Kontakt zu Gott entsteht schließlich die Liebe zu Gott.

Dieses Wiederholen der ursprünglichen Kraftübertragung (Segnung, Taufe) findet sich im Neuen Testament z.B. in der Szene der Verklärung Christi, dessen ursprüngliche Einweihung bei der Jordantaufe stattfand:

"Und nach sechs Tagen nahm Jesus zu sich Petrus und Jakobus und Johannes, seinen Bruder, und führte sie beiseite auf einen hohen Berg. Und er ward verklärt vor ihnen, und sein Angesicht leuchtete wie die Sonne, und seine Kleider wurden weiß wie Licht. Und siehe, da erschienen ihnen Mose und Elia; die redeten mit ihm. ... da überschattete sie eine lichte Wolke. Und siehe, eine Stimme aus der Wolke sprach: "Dies ist mein lieber Sohn, an welchem ich Wohlgefallen habe; den sollt ihr hören!" Da das die Jünger hörten, fielen sie auf ihr Angesicht und erschraken sehr. Jesus aber trat zu ihnen, rührte sie an und sprach: "Stehet auf und fürchtet euch nicht!" " (Mt 17. 1-3, 5-7)

Die Kraftübertragung kann nicht nur den Charakter einer generellen

Einweihung, also eines Herstellens der bewußten Verbindung der Seele mit Gott (13. Pfad) sein, sondern auch die Übertragung spezieller Fähigkeiten, wie man dies ja im tibetischen Buddhismus in sehr differenzierter Form findet. In der Bibel findet sich ein solches Beispiel des „speziellen Segens" bei der Aussendung der Apostel:

> "Und er rief seine zwölf Jünger zu sich und gab ihnen Macht über die unsauberen Geister, daß sie die austrieben und heilten allerlei Seuche und allerlei Krankheit. ... "Macht die Kranken gesund, reinigt die Aussätzigen, weckt die Toten auf, treibt die Teufel aus. Umsonst habt ihr's empfangen, umsonst gebt es auch." " (Mt 10. 1, 8)

Diese Einweihung ist nicht immer freiwillig, sondern sie kann auch ausschließlich von dem Einweihenden ausgehen, wie sich in dem Einweihungserlebnis des Paulus zeigt:

> "Und da er (Saulus/Paulus) auf dem Wege war und nahe an Damaskus kam, umleuchtete ihn plötzlich ein Licht vom Himmel; und er fiel auf die Erde und hörte eine Stimme, die sprach zu ihm: Saul, Saul, was verfolgst Du mich?" Er aber sprach: "Herr, wer bist Du?" Der Herr sprach: "Ich bin Jesus, den Du verfolgst. Es wird Dir schwer werden, wider den Stachel auszuschlagen." Und er sprach mit Zittern und mit Zagen: "Herr, was willst Du, daß ich tun soll?" Der Herr sprach zu ihm: "Stehe auf und gehe in die Stadt; da wird man Dir sagen, was Du tun sollst." Die Männer aber, die seine Gefährten waren, standen und waren erstarrt; denn sie hörten die Stimme und sahen niemand." (Ap 9. 3-7)

Wie man an der weiteren Geschichte von Paulus sehen kann, wird durch die Einweihung eine sehr tiefgreifende Verwandlung bewirkt. Das Wiederfinden des Kontaktes zu Gott rückt alle Dinge wieder an ihren richtigen Ort. Christus beschreibt diese Einweihung daher als eine Wiedergeburt:

> "Laß Dich's nicht wundern, daß ich Dir gesagt habe: Ihr müßt von neuem geboren werden." (Jo 3. 7)

Im Abendmahl (Eucharistie) wird dieser Segen institutionalisiert, also zu einem Ritual, dessen Durchführung diesen Segen jederzeit herbeiruft (siehe auch oben Jo 14. 6-14):

> "Da sie aber aßen, nahm Jesus das Brot, dankte und brach's und gab's den Jüngern und sprach: "Nehmet, esset; das ist mein Leib. Und er nahm den Kelch und dankte, gab ihnen den und sprach: "Trinket alle daraus; das ist mein Blut des neuen Testaments, welches vergosssen wird für viele zur Vergebung der Sünden." " (Mt 26. 26-28)

> "Weiter sage ich euch: Wo zwei unter euch eins werden, warum es ist, daß sie bitten wollen, das soll ihnen widerfahren von meinem Vater im Himmel. Denn wo zwei oder drei versammelt sind in meinem Namen, da bin ich mitten unter ihnen." (Mt 18. 19-20)

Der Heilige Geist

Mit der ritualisierten Anrufung des Segens Gottes durch die Eucharistie bzw. das Abendmahl ist der Heilige Geist verbunden. In der Einweihung, bei der ein bewußter Kontakt zu Gott hergestellt wird, steht Gott selber im Zentrum des wahrgenommenen Ereignisses, da sich das Bewußtsein des Einzuweihenden dabei bis zu seiner Seele und darüber hinaus bis hin zu Gott ausweiten kann.

In der ritualisierten Segnung jedoch bleibt das Bewußtsein in der Regel „unterhalb" der Erkenntis und des Erlebnisses der eigenen Seele und nimmt daher den Segen als Lebenskraft (Heiliger Geist) wahr, die als Taube, als gleißendweißes Licht oder als Feuerzungen erlebt werden kann und die unter anderem die Fähigkeit, Wunder zu tun, gibt.

> "Und Johannes zeugte und sprach: "Ich sah, daß der Geist herabfuhr wie eine Taube vom Himmel und blieb auf ihm (Jesus)." (Jo 1. 32)

Der Heilige Geist in der Gestalt von Feuerzungen findet sich in dem Pfingstwunder (siehe oben: Ap 2. 1-4). In der Gestalt von strahlend weißem Licht zeigt sich der Heilige Geist bei der Verklärung Christi (siehe oben: Mt 17. 1-3, 5-7) oder auch in den Erscheinungen von Engeln wie z.B. an Christi Grab:

> "Und seine (Christi) Kleider wurden (bei seiner Verklärung) helle und sehr weiß wie der Schnee, daß sie kein Färber auf Erden kann so weiß machen." (Mr 9. 3)

> "Denn der Engel des Herrn kam vom Himmel herab, trat hinzu und wälzte den Stein von der Tür und setzte sich darauf. Und seine Gestalt war wie ein Blitz und sein Kleid weiß wie Schnee." (Mt 28. 2-3)

Dieses Leuchten wird von allen Visionären der verschiedenen mystischen Richtungen gleich beschrieben: die Lebenskraft selber leuchtet milchigweiß mit einem leichten Blauschimmer, während die Seele, die Engel und alle anderen Wesen und Dinge auf der Ebene der Seele von innen her leuchten. Noch näher an Gott erscheinen dann Konturen im Licht – zu ihnen gehören Christus, die Erzengel, die Heiligen und in den nichtchristlichen Religionen die Vielzahl der Gottheiten.

Die gelegentliche Erscheinung Gottes nicht als Gott Vater sondern als heiliger Geist liegt also zum einen darin begründet, daß das Bewußtsein des Wahrnehmenden meistens nicht bis zu Gott „hinauf" blicken kann und daher nur „Gottes Wirkung" recht undifferenziert als ein schwaches Leuchten bis hin zu einem gleißendweißen Licht wahrnimmt, und zum anderen liegt Gottes gelegentliche Erscheinung als Heiliger Geist darin begründet, daß der Heilige Geist das Wirken Gottes in der Welt ist, also gewissermaßen die durch Gott gesandte oder bewegte Lebenskraft ist.

Daher erscheint in allen Wundertaten und Segnungen der Heilige Geist und nicht Gott Vater: die Geheilten oder der Mensch, der eingeweiht oder gesegnet wird, können mit ihrem Bewußtsein noch nicht ihre eigene Seele oder gar Gott Vater erfassen und sehen daher nur die leuchtende Lebenskraft, aber nicht Gott Vater selber, der diese Lebenskraft, also den Heiligen Geist, bewegt.

Der Heilige Geist wird von Christus als ein Bote von Gott Vater bezeichnet, dessen Essenz die Wahrheit ist:

> "Wenn aber jener, der Geist der Wahrheit, kommen wird, der wird euch in alle Wahrheit leiten. Denn er wird nicht von sich selber reden; sondern was er (vom Vater) hören wird, das wird er reden, und was zukünftig ist, wird er euch verkündigen." (Jo 16. 13)

Wenn Christus nicht mehr unter den Lebenden ist, wirkt auch er vom Jenseits aus durch den Heiligen Geist im Diesseits:

> "Und ich will den Vater bitten, und er soll euch einen anderen Tröster geben, daß er bei euch bleibe ewiglich: den Geist der Wahrheit, welchen die Welt nicht kann empfangen; denn sie sieht ihn nicht und kennt ihn nicht. Ihr aber kennt ihn; denn er bleibt bei euch und wird in euch sein. ... Aber der Tröster, der heilige Geist, welchen mein Vater senden wird in meinem Namen, der wird euch alles lehren und euch erinnern alles des, das ich euch gesagt habe."

(Jo 14. 16-17, 26)

Dieses Wirkcn Christi durch den Heiligen Geist zeigt sich deutlich in dem Erlebnis von Paulus nahe Damaskus. Christus sieht aber den heiligen Geist nicht als etwas an, das er selber sendet, sondern als etwas, was von Gott Vater ausgeht und dessen Übermittler er ist:

> "Und siehe, ich will auf euch senden die Verheißung meines Vaters. Ihr aber sollt in der Stadt Jerusalem bleiben, bis ihr angetan werdet mit der Kraft aus der Höhe." (Lu 24. 49) (= Ankündigung des Pfingstwunders)

Zu dieser Kraftübertragung tritt auch in der Bibel als zweites Element die Belehrung. Zum einen sind dies Christi öffentliche Reden, Predigten und Gleichnisse, zum anderen hat es möglicherweise auch individuellere Anleitungen gegeben:

> "Jesus ging mit ihr weg in den Garten, wo sich das Grabmal (des Bruders der Frau) befand Und sofort war aus dem Grab ein mächtiges Grollen zu hören. Jesus trat heran, wälzte den Stein vom Eingang des Grabmals weg, ging sofort dort hinein, wo sich der Jüngling befand, streckte seine Hand aus und erweckte ihn, indem er ihn fest an der Hand nahm. Der Jüngling aber blickte ihn an und gewann ihn lieb. Und er lud ihn ein, bei ihm zu bleiben. ... Und nach sechs Tagen gab ihm Jesus Anweisungen. ... Es lehrte ihn nämlich Jesus das Geheimnis der Königsherrschaft Gottes." (gMk 2., 26 -3., 10) Das zentrale Element von Christi Lehre ist die Liebe zu Gott und die sich daraus ergebende Liebe zu den Menschen. Daneben finden sich auch Elemente, die auf die Notwendigkeit der Selbsterkenntnis hinweisen, durch die man zum Erlebnis seiner eigenen Seele gelangt, die ihrerseits direkt Gott wahrnehmen kann.

Die Erkenntnis Gottes folgt in allen mystischen Schriften immer erst auf die Erkenntnis der eigenen Seele – die Erkenntnis der eigenen Seele ist die „Hälfte des Weges".

"Jesus sagte: "Wenn aber die, die euch führen, zu euch sagen: "Seht, das Königreich ist im Himmel", dann werden die Vögel vor euch da sein. Wenn sie aber zu euch sagen: "Es ist im Meer", werden die Fische vor euch da sein. Denn das Königreich ist in eurem Inneren und in eurem Äußeren. Wenn ihr euch selbst erkennt, dann wird man euch erkennen, und ihr werdet wissen, daß ihr Kinder des lebendigen Vaters seid. Wenn ihr aber nicht zum Verständnis euerselbst gelangt, dann werdet ihr in Armut sein, und ihr werdet die Armut selbst sein." (Tho 3.)

Zum Teil sind Christi Antworten in Bezug auf die Notwendigkeit der Selbsterkenntnis recht drastisch:

"Seine Jünger fragten: "Wann wirst du Dich uns offenbaren, und wann werden wir Dich sehen?" Jesus sagte: "Wenn ihr euch nackt auszieht, ohne euch zu schämen, und eure Kleider nehmt, sie unter eure Füße legt und darauf wie kleine Kinder herumtrampelt, dann werdet ihr den Sohn des Lebendigen sehen, und ihr werdet euch nicht fürchten."" (Tho 37)

Ein wichtiges Element dieser Lehren ist es, daß die Menschen erkennen müssen, daß ihre Heimat in Gott ist, und daß sie in diesen Ursprung wieder zurückkehren können, d.h. daß jeder in seinem Innersten Gott (wieder-) finden und sich als Gottes Geschöpf erkennen und erleben kann, d.h. letzten Endes sich selbst als göttlich, also als nicht von Gott verschieden erleben kann.

Diese Identität mit Gott bezieht sich sich nicht nur auf die Menschen, sondern auf die gesamte Schöpfung – es gibt nichts, in dem nicht Gott die Essenz und die Substanz und das Fundament und das eigentliche innerste Wesen wäre.

"Jesus sagte: "Wenn sie euch fragen: "Woher seid ihr gekommen?" dann antwortet ihnen:"Wir sind aus dem Licht gekommen, von dem Ort, wo das Licht aus sich selbst geworden ist Es hat sich hingestellt und in ihrem Bild offenbart." " (Tho 50.)

"Jesus sagte: "Ich bin das Licht, das über ihnen allen ist. Ich bin das all. Aus mir ist das All hervorgegangen, und zu mir ist das All gelangt. Spaltet ein Holz, ich bin dort, hebt einen Stein hoch und ihr werdet mich dort finden." " (Tho 77.)

Bei dem Streben, Gott als die Essenz der Welt zu erkennen, ist es sinnvoll, auch die kleinen Schritte wertzuschätzen. Viele Dinge können zeigen, daß die Welt nicht nur ein chaotisches Zusammenprallen von Atomen ist: kleine sinnvolle Zufälle, schicksalshafte Fügungen, Telepathie, Telekinese, das Funktionieren von Orakeln wie Tarot oder Astrologie, erfüllte Gebete, die Erkenntnissen der neueren Physik, Nahtod-Erlebnisse Astralreisen (Austreten aus dem materiellen Körper) und vieles andere mehr - es muß nicht immer ein solch heftiges Erlebnis sein wie das von Paulus auf seinem Weg nach Damaskus.

Spirituelle Entwicklung ist fast immer ein allmählicher Weg von der völligen Unkenntnis zu immer umfassenderen Erlebnisen und Veränderungen.

"Jesus sagte: " ... Sondern das Königreich des Vaters ist auf der Erde ausgebreitet und die Menschen sehen es nicht." " (Tho 113.)

Diese Entwicklung ist ein Erkenntnisvorgang, ein Erinnern, ein Wiederfinden und daher eher ein Loslassen und Zulassen als ein Erschaffen. Am deutlichsten ist diese empfangende Haltung von Lao-tse in seinem Tao-Tê-King dargestellt worden.

Heimat in Gott – Vertrauen und Hingabe

Zu der von Christus beschriebenen Heimat in Gott, also dem Wieder-finden von Gott in sich selber kann man am einfachsten durch die Liebe zu Gott zurückgelangen. Aus dieser Liebe zu Gott folgt das Vertrauen in Gott – oder auch umgekehrt. Meister Ekkehart, der diesen Zusammenhang in einer seiner Predigten ausführlich beschrieb, stellte diese Erkenntnis wie folgt dar:

> Gott liebt seine ganze Schöpfung und jedes einzelne Wesen in ihr mehr als jedes einzelne Wesen Gott lieben könnte, denn Gott ist die Liebe selber, also kann man vollkommen auf Gott vertrauen. (meine Zusammenfassung der Aussagen von ME)

Das Vertrauen in Gott zusammen mit der Erkenntnis von Gottes Allmacht ergibt nun eine der wichtigsten christlichen Vorstellungen: den Glauben.

Wenn Gott alle Macht hat und die Menschen liebt, dann wird er immer nur das Beste für alle Menschen tun. Der Glaube ist nun die Bereitschaft, Gottes Gaben zu empfangen. Es ist also nicht nur der Gebende (Gott), sondern auch der Nehmende (Mensch) notwendig, damit etwas von Gott zu dem Menschen gelangen kann – Gott achtet offenbar den freien Willen der Menschen und drängt ihnen nichts auf.

Der Glaube ist wie eine voller Vertrauen offengehaltene, empfangende Hand.

> "Jesus aber sprach zu ihm: "Wenn Du könntest glauben! Alle Dinge sind möglich dem, der da glaubt." " (Mr 9. 23)

> "Da antwortete Jesus und sprach zu ihr: "O Weib, Dein Glaube ist groß! Dir geschehe, wie Du willst." Und ihre Tochter ward gesund zu derselben Stunde." (Mt 15. 28)

> "Bittet, so wird euch gegeben; suchet, so werdet ihr finden; klopfet an., so wird euch aufgetan." (Mt 7. 7)

> "Als er eines Morgens wieder in die Stadt ging, hungerte ihn; und

er sah einen Feigenbaum an dem Wege und ging hinzu und fand nichts daran denn allein Blätter und sprach zu ihm: "Nun wachse auf Dir hinfort nimmermehr eine Frucht!" Und der Feigenbaum verdorrte alsbald. Und da das die Jünger sahen, verwunderten sie sich und sprachen: "Wie ist der Feigenbaum so bald verdorrt? Jesus aber antwortete und sprach zu ihnen: So ihr Glauben habt und nicht zweifelt, so werdet ihr nicht allein solches mit dem Feigenbaum tun, sondern, so ihr werdet sagen zu diesem Berge: "Hebe Dich auf und werfe Dich ins Meer!" so wird's geschehen. Und alles, was ihr bittet im Gebet, so ihr glaubet, werdet ihr's empfangen." (Mt 21. 18-22)

Wenn man trotz seines Einweihungserlebnisses noch an Gott zweifelt, kann der Heilige Geist nicht von Gott Vater in das Hier und Jetzt zu dem einzelnen Menschen gelangen - dann ist der Fluß des Heiligen Geistes von Gott zu dem Menschen unterbrochen und es können sich folglich auch keine Wunder manifestieren.

Dieses Herabfließen des heiligen Geistes wird von den Kabbalisten der "Blitzstrahl der Schöpfung", von den Yogis das niederströmende Bindhu und von den Hindhus das „Melken der Himmelskuh" genannt und das Herabrufen dieses Lichtes bildet auch eines der zentralen Elemente im tibetischen Buddhismus. Auch dieses Erlebnis findet sich bei allen Mystikern – es scheint also sehr zentral zu sein.

"Und Jesus bedrohte ihn; und der Teufel fuhr aus von ihm, und der Knabe ward gesund zu derselben Stunde. Da traten zu ihm seine Jünger besonders und sprachen: "Warum konnten wir ihn nicht austreiben?" Jesus aber antwortete und sprach zu ihnen:" Um eures Unglaubens willen. Denn wahrlich, ich sage euch: So ihr Glauben habt wie ein Senfkorn, so möget ihr sagen zu diesem Berge: Hebe dich von hinnen dorthin! so wird er sich heben; und euch wird nichts unmöglich sein." " (Mt 17. 18-20)

Dieser Fluß des heiligen Geistes, der auf dem kabbalistischen Lebens-baum der jüdischen Mystiker als der "Blitzstrahl der Schöpfung" erscheint, wird von dem, durch den er fließt, deutlich als Licht, Hitze, Wahrheit, Freude und Weitung wahrgenommen.

Der „Kanal" in dem der Heilige Geist von Gott zu den Menschen fließt, ist das zentrale Symbol in fast allen Religionen: der Weltenbaum, der Götterberg, der Rauch des Opferfeuers, die Weltensäule, die Pyramide, die Wirbelsäule, die Sushumna im Yoga – sie alle stellen die Verbindung von Himmel und Erde in der Mitte der Welt dar, die auch jeder Einzelne in sich selber erwecken kann.

Der Fluß des Heiligen Geistes kann nicht nur durch den Glauben des Überträgers des heiligen Geistes ausgelöst werden, sondern auch durch den Glauben des Bittstellers, wie der Bericht der Frau, die an Blutgang erkrankt war, zeigt:

> "Und ein Weib hatte den Blutgang zwölf Jahre gehabt; die hatte alle ihre Nahrung an die Ärzte gewandt, und konnte von niemand geheilt werden; die trat hinzu von hinten und rührte seines Kleides Saum an; und alsbald stand ihr der Blutgang. Und Jesus sprach: Wer hat mich angerührt?" Da sie aber alle leugneten, sprach Petrus und die mit ihm waren: "Meister, das Volk drängt und drückt dich, und Du sprichst: Wer hat mich angerührt?" Jesus aber sprach: "Es hat mich jemand angerührt; denn ich fühle, daß eine Kraft von mir gegangen ist." Da aber das Weib sah, daß es nicht verborgen war, kam sie mit Zittern und fiel vor ihm nieder und verkündigte vor allem Volk, aus welcher Ursache sie ihn hätte angerührt und wie sie wäre alsbald gesund geworden. Er aber sprach zu ihr: "Sei getrost, meine Tochter; Dein Glaube hat Dir geholfen. Gehe hin mit Frieden!" " (Lu 8. 43-48)

Aus dem Glauben an Gott, der sich aus der Erkenntnis der Liebe Gottes für seine Schöpfung ergibt, folgt eine weitere christliche Grundhaltung: "Dein Wille geschehe!"

Dies ist nicht unterwürfiger Gehorsam, sondern die Erkenntnis, daß man sich zwar selber hier in diesem Leben um Glück bemüht, daß aber die eigene Wahrnehmung und die eigene Erkenntnis und die eigene Macht sehr begrenzt sind und daß allein Gott Vater alles erkennt und weiß und erschaffen kann.

"Dein Wille geschehe!" ist also nicht ein Aufgeben des eigenen Willens im Sinne einer Resignation, sondern "Dein Wille geschehe!" ist eine freudige Erwartung dessen, was Gott Vater für einen selber bereitet hat.

"Dein Wille geschehe!" ist also kein Verzicht, sondern ein Annehmen der Fülle. Dabei kann es durchaus sein, daß es Zeiten gibt, in denen man nicht erkennen kann, wohin man geführt wird und in welcher Weise Gottes Wille gerade das Gute für einen selber erschafft.

Diese Hingabe an Gott führt auch zu der "grundlosen Freude", die keinen äußeren Anlaß braucht, sondern nur das innere Ruhen in Gott. Diese Freude wird auch von Christus beschrieben:

> "Gleichwie mich mein Vater liebet, also liebe ich euch. Bleibet in meiner Liebe! So ihr meine Gebote haltet, so bleibet ihr in meiner Liebe, gleichwie ich meines Vaters Gebote halte und bleibe in seiner Liebe. Solches rede ich zu euch, auf das meine Freude in euch bleibe und eure Freude vollkommen werde. Das ist mein Gebot, daß ihr euch untereinander liebet, gleichwie ich euch liebe." (Jo 15. 9-12)

Buddha hat gesagt, daß man einen Erleuchteten an vier Merkmalen erkennen kann: unbegrenzte Liebe, unbegrenzter Gleichmut, unbegrenzte Freundlichkeit und unbegrenzte Freude. Auch im Hinduismus hat diese Freude einen besonderen Stellenwert, denn nach der Yogalehre besteht die Welt aus drei Elementen: dem „sat", das die Materie ist, dem „chit", das das Bewußtsein ist, und dem „ananda", der Freude, die sich aus dem Einklang und der letztlichen Identität von äußerer Substanz und innerem Bewußtsein ergibt.

Die von Buddha beschriebene unbegrenzte Liebe findet sich bei Christus in der Liebe zu Gott und zu den Menschen als dem Fundament seiner Lehre wieder. Diese Liebe ist der Standpunkt der Seele, die Gott direkt erleben kann und die alle anderen Seelen und somit auch alle anderen Menschen liebt, da sie sich auf der „Ebene der Seelen" befindet, deren "Substanz" die Liebe ist.

Das Wesen der Seele selber ist die Selbstliebe, deren Essenz die Identität mit Gott ist und deren Ausdruck die Liebe zu der gesamten Schöpfung ist. Liebe ist Integrität und die Seele ist ungeteilt und vollkommen integriert.

Der von Buddha beschriebene unbegrenzte Gleichmut findet sich bei Christus in dem Prinzip "Herr, Dein Wille geschehe!" wieder, denn dies bedeutet, daß man alles anzunehmen bereit ist. Dieser Gleichmut beruht auf der Erkenntnis, daß es nichts gibt außer Gott und dem sich daraus ergebenden freudigen Annehmen aller Ereignisse, die ja letztlich Gott Vater und somit seine Liebe zu seiner Schöpfung offenbaren.

Die von Buddha beschriebene unbegrenzte Freundlichkeit findet sich bei Christus in seiner Hilfsbereitschaft wieder. Sowohl im Buddhismus als auch im Christentum ist die Nächstenliebe eng mit der Freundlichkeit, Barmherzigkeit und Hilfsbereitschaft verbunden. Diese Freundlichkeit, Barmherzigkeit und Hilfsbereitschaft ergibt sich daraus, daß man aufgrund der Erkenntnis von Gott als der Essenz aller Dinge keinen auf den eigenen Körper begrenzten Egoismus mehr hat, sondern sich der eigene Egoismus auf Gott und somit seine gesamte Schöpfung ausgedehnt hat („Kether ist Malkuth und Malkuth ist Kether").

Die von Buddha als viertes Merkmal eines Erleuchteten beschriebene unbegrenzte Freude findet sich bei Christus in dem eben angeführten Zitat. Diese Freude ergibt sich daraus, daß es von Gott aus gesehen keine Widersprüche mehr gibt und alle Teile der Welt sich sinnvoll zusammenfügen - die "Schlange der Weisheit" hat alles integriert und man kann nun die Einheit Gottes in der von ihr durch den "Blitzstrahl der Schöpfung" erschaffenen Vielfalt der Welt sehen.

Aus der Erschaffung der Welt aus Gott heraus ergibt sich auch die Liebe von Gott zur Welt, die jedem einzelnen Wesen gilt und die die Grundlage dafür ist, daß man Gott vollkommen vertrauen kann. Dies hat einmal ein Mystiker in einer Vision auf sehr prägnante Weise erläutert bekommen: „Gott Vater, liebst du mich?" - „Ich liebe mich. Du bist ich."

Der christliche Mystiker Meister Ekkehart rät, sich zuerst immer auf Gott zu konzentrieren, da Gott die Quelle alles Guten ist. Dafür ist es notwendig, zunächst einmal alles loszulassen, damit Platz für die göttlichen Gaben entsteht - was nichts anderes ist als das "Dein Wille geschehe!".

Im Taoismus wird dies allem zugrundeliegende Eine, das die Christen Gott nennen, als Tao bezeichnet. Zu ihm gelangt man durch das Wu-Wei, was wörtlich übersetzt Nicht-Tun bedeutet und identisch mit dem christlichen „Dein Wille geschehe", also mit der Hingabe ist. Das bekannteste Bild für diese taoistische Haltung ist sicher das Bild von dem weichen Wasser, das den harten Stein besiegt.

Aus dieser Haltung heraus entsteht dann der Einklang mit der Welt und daraus die Freude und die sinnvollen, hilfreichen Zufälle und die Wunder, die Lao-tse als Tê bezeichnet hat. Meister Ekkehart beschreibt mit der Folge „Gott – Vertrauen – göttliche Hilfe" genaudenselben Zusammenhang wie Lao-tse mit seinen drei Schritten „Tao – Wu-Wei – Tê".

> "Und was Du zuvor suchtest, das sucht nun Dich, ... und was zuvor Du fliehen mochtest, das flieht nun Dich. Darum: wer Gott eng anhaftet, dem haftet alles an, was göttlich ist, und den flieht alles, was Gott ungleich und fremd ist." (ME)

Meister Ekkehard betont, daß nur das "Dein Wille geschehe!" dazu führen kann, daß man sich Gottes selber bewußt werden kann, denn man muß in sich Platz für Gott schaffen und da Gott alles ist, muß man folglich zunächst alles loslassen. Gott kann sich in dem eigenen Inneren nur in dem Maße zeigen, wie man ihm in dem eigenen Inneren Platz gibt.

> "Herr, gib mir nichts, als was Du willst, und tue, Herr, was und wie du willst in jeder Weise! (ME)"

Diese Hingabe und dieses sich-Öffnen, dieses Loslassen des eigenen Egos und diese Liebe zu Gott beruhen darauf, daß man Gott als das beste erkennt ("Schlange der Weisheit") und man sich daher für Gott öffnen kann ("Blitzstrahl der Schöpfung").

Der Zusammenhang zwischen dem vertrauensvollen Loslassen und dem Auftreten von wunderbaren "sinnvollen Zufällen" ist ja mittlerweile weit bekannt. Christus beschreibt die Fülle, die entsteht, wenn man das Alte, Unvollkommene, an dem man sich festgeklammert hat, loslassen kann, sehr deutlich:

> "Wer etwas läßt um meinetwillen, der wird hundertmal soviel zurückerhalten (Matth. 19,29)"

Christus bezeichnet die Hingabe an Gott ausdrücklich als das, was zur Erleuchtung führt:

"Es werden nicht alle, die zu mir sagen Herr! Herr! in das Himmelreich kommen, sondern die den Willen tun meines Vaters im Himmel." (Mt 7. 21)

Es ist durchaus sinnvoll, um das zu bitten, was man gerne haben möchte, aber man sollte nie darauf beharren, damit Gottes Wille und die damit verbundene Fülle sich ungehindert verwirklichen kann.

Man kann natürlich Gottes Willen nicht aufgrund der eigenen Macht behindern, aber es scheint so zu sein, daß Gott den freien Willen der Menschen achtet – wobei der freie Wille im Menschen letztlich darin begründet ist, daß sie im Allerinnersten identisch mit Gott sind. Gottes Achtung des freien Willens der Menschen ist also letztlich in seiner Selbstliebe begründet – Gott liebt sich selber in jedem Teil seiner Schöpfung.

Die Haltung der Hingabe an Gottes Willen zeigt Christus kurz vor seiner Kreuzigung in eindrucksvoller Weise:

"Und er ging ein wenig, fiel nieder auf sein Angesicht und betete und sprach: "Mein Vater, ist's möglich, so gehe dieser Kelch von mir; doch nicht wie ich will, sondern wie Du willst!" " (Mt 26. 39)

Wie bei allen Dingen ist auch für diese Haltung Übung nötig, so wie man es in allen Meditationsanleitungen beschrieben findet: zunächst erhält man die Belehrung, dann die Kraftübertragung und dann muß man das Erkannte und Erhaltene üben, bis es im eigenen Inneren stark und reif geworden ist. Die einfachste und effektivste dieser Übungen ist das Gebet.

"Und da er das Volk von sich gelassen hatte, stieg er auf einen Berg allein, daß er betete. Und am Abend war er allein daselbst." (Mt 14. 23)

"Und des Morgens vor Tage stand er auf und ging hinaus. Und Jesus ging an eine wüste Stätte und betete daselbst." (Mk 1. 35)

"Und da er sie von sich geschafft hatte, ging er hin auf einen Berg, zu beten." (Mk 6. 46)

"Es begab sich aber zu der Zeit, daß er ging auf einen Berg, zu beten; und er blieb über Nacht in dem Gebet zu Gott." (Lu 6. 12)

Es ist notwendig, nicht nur formal zu beten, sondern von ganzem Herzen und in wirklicher Aufrichtigkeit, da das Gebet sonst leer und wirkungslos bleibt:

"Gott ist Geist, und die ihn anbeten, die müssen ihn im Geist und in der Wahrheit anbeten." (Jo 4. 24)

Diese Hingabe an Gott ist nicht nur als allgemeine Richtlinie gedacht, die einen diffusen Verhaltenshintergrund bildet, sondern sie gilt in jedem Augenblick. Dies spricht Christus in verschiedenen Zusammenhängen deutlich aus. So betont er z.B., daß ein vom Heiligen Geist erfüllter Mensch nicht wüßte, was er am nächsten Tag machen würde, da er im Hier und Jetzt lebt und Gottes Anweisungen folgt.

Diese Haltung entspricht der von Lao-tse im Tao Tê King beschriebenen Lebenshaltung des Nicht-tun (Wu-Wei), das letztlich auch ein Loslassen und Geschehenlassen ist. Nur gibt es in Lao-tse's Weltanschauung keinen personifizierten Gott, sondern das dem buddhistischen Nirvana eng verwandte und eher abstrakte Tao, das ursprünglich „Weg" bedeutete und das die aller Vielfalt der Erscheinungen zugrundeliegende Einheit bezeichnet. Die Erkenntnis dieser Einheit und das Leben aus ihr heraus erreicht man durch das Wu-Wei, also das Nicht-Tun, das von seiner Wirkung her gesehen dem "Dein Wille geschehe!" entspricht.

Dieses vertrauensvolle Geschehenlassen und aus Gott heraus handeln beschreibt Christus an mehreren Stellen, wovon das Windgleichnis am anschaulichsten ist:

"Der Wind bläst, wo er will, und Du hörst sein Sausen wohl; aber Du weist nicht, von wannen er kommt und wohin er fährt. Also ist ein jeglicher, der aus dem Geist geboren ist." (Jo 3. 8)

Das Leben im Hier und Jetzt wird auch von Kirchenvater Augustinus als eine der wesentlichen Haltungen angesehen:

"Indessen, solche Leute wollen ewige Dinge schauen und empfinden und göttliche Werke und im Lichte der Ewigkeit stehen, und dabei flattert ihr Herz noch im Gestern und noch im Morgen." (Aug)

Geborgenheit in Gott

Eine solche vertrauensvolle Haltung ist nur deshalb möglich und sinnvoll, weil Gott für den Menschen sorgt und ihm seinen Weg weist und für alles sorgt, was er benötigt. Es ist also eine Haltung, die aus dem Vertrauen zu Gott heraus entsteht.

Diese Vertrauen wiederum kann entweder aus der Erkenntnis entstehen, daß Gott der „Vater seiner Schöpfung" und somit in allem ist, oder daraus, daß man oft genug „sinnvolle Zufälle", erfolgreiche Intuition und Hilfe zum richtigen Zeitpunkt erlebt hat – wobei natürlich eine Kombination beider Wege am wirksamsten und tragfähigsten ist.

> "Darum sage ich euch: Sorget nicht für euer Leben, was ihr essen und trinken werdet, auch nicht für euren Leib, was ihr anziehen werdet. Ist nicht das Leben mehr denn die Speise? und der Leib mehr denn die Kleidung? Sehet die Vögel unter dem Himmel an: sie sähen nicht, sie ernten nicht, sie sammeln nicht in die Scheunen; und der himmlische Vater nähret sie doch. Seid ihr denn nicht viel mehr als sie? Darum sollt ihr nicht sorgen und sagen: Was werden wir essen, was werden wir trinken, womit werden wir uns kleiden? Nach solchem trachten die Heiden. Denn euer himmlischer Vater weiß, daß ihr des alles bedürfet. Trachtet am ersten nach dem Reich Gottes und nach seiner Gerechtigkeit, so wird euch solches alles zufallen." (mt 6. 25-26, 31-33)

Diese Haltung findet sich ganz pragmatisch umgesetzt bei den indischen Yogis, die nur von Almosen leben, bei den buddhistischen Bettelmönchen und bei den christlichen Einsiedlern. Ein schönes und (wie bei Elia ja fast immer) auch drastisches Beispiel dafür findet sich im Alten Testament bei Elias zweimaligem Rückzug in die Berge:

> „Und das Wort des Herrn kam zu ihm (Elia) und sprach: „Gehe weg von hinnen und wende dich gegen Morgen und verbirg dich am Bach Krith, der gegen den Jordan fließt; und sollst vom Bach trinken; und ich habe den Raben geboten, daß sie dich daselbst sollen versorgen." Er aber ging hin und tat nach dem Wort des Herrn

und ging weg und setzte sich am Bach Krith, der gegen den Jordan fließt. Und die Raben brachten ihm Brot und Fleisch des Morgens und des Abends und er trank vom Bach." (1. Könige 17. 2-6)

„Er (Elia) aber ging in die Wüste eine Tagereise und kam hinein und setzte sich unter einen Wacholder und bat, daß seine Seele stürbe, und sprach: „Es ist genug, so nimm nun, Herr, meine Seele; ich bin nicht besser denn meine Väter." Und legte sich und schlief unter dem Wacholder. Und siehe, ein Engel rührte ihn an und sprach zu ihm „Stehe auf und iß!" Und er sah sich um, und siehe, zu seinen Häupten lag ein geröstetes Brot und eine Kanne mit Wasser." (1. Könige 19. 4-6)

Die Hilfe von Gott und das "Dein Wille geschehe!" bedingen sich gegenseitig: es ist ein Geben und Nehmen – der Mensch öffnet sich „nach oben" und Gott segnet und hilft „nach unten".

"Und der mich gesandt hat, ist mit mir. Der Vater läßt mich nicht allein; denn ich tue allezeit, was ihm gefällt." (Jo 8. 29)

Diese Haltung gilt auch für das Reden. Christus macht seinen Jüngern Mut, sich nicht vorher zu überlegen, was sie in einer bestimmten Situation, z.B. wenn sie angeklagt werden, sagen sollen, sondern darauf zu vertrauen, daß Gott ihnen in der betreffenden Situation das Richtige eingeben wird - was dann viel effektiver sein wird als alles, was sie sich hätten ausdenken können.

"Wenn sie euch überantworten werden, so sorget nicht, wie oder was ihr reden sollt; denn es soll euch zu der Stunde gegeben werden, was ihr reden sollt. Denn ihr seid es nicht, die da reden, sondern eures Vaters Geist ist es, der durch euch redet." (Mt 10. 19-20)

Im Neuen Testament finden sich auch einige Beispiele für solche "intuitive Antworten" von Christus, wie sie heutzutage insbesondere von den Zen-Roshis bekannt sind. Die bekannteste ist sicherlich die Szene mit der Ehebrecherin:

"Und frühmorgens kam er wieder in den Tempel, und alles Volk kam zu ihm; und er setzte sich und lehrte sie. Aber die Schriftgelehrten und Pharisäer brachten ein Weib zu ihm, im Ehebruch ergriffen, und stellten sie in die Mitte dar und sprachen zu ihm: "Meister, dies Weib ist ergriffen auf frischer Tat im Ehebruch. Mose aber hat uns im Gesetz geboten, solche zu steinigen; was sagst Du?" Das sprachen sie aber, ihn zu versuchen, auf daß sie eine Sache wider ihn hätten. Aber Jesus bückte sich nieder und schrieb mit dem Finger auf die Erde. Als sie nun anhielten, ihn zu fragen, richtete er sich auf und sprach zu ihnen: "Wer unter euch ohne Sünde ist, der werfe den ersten Stein auf sie." Und bückte sich wieder nieder und schrieb auf die Erde. Da sie das hörten, gingen sie hinaus (von ihrem Gewissen überführt), einer nach dem anderen, von den Ältesten bis zu den Geringsten; und Jesus ward gelassen allein und das Weib in der Mitte stehend. Jesus aber richtete sich auf; und da er niemand sah denn das Weib, sprach er zu ihr: "Weib, wo sind sie, Deine Verkläger? Hat Dich niemand verdammt?" Sie aber sprach: "Herr, niemand." Jesus aber sprach: "So verdamme ich Dich auch nicht; gehe hin und sündige hinfort nicht mehr!" (Jo 8. 2-11)

Nur durch die "geniale" Antwort "Wer unter euch ohne Sünde ist, der werfe den ersten Stein auf sie." konnte Christus der Falle entkommen, die die Schriftgelehrten ihm gestellt hatten: Wenn er wegen seiner Liebe zu den Menschen die Steinigung abgelehnt hätte, hätte er damit Moses' Gesetz gebrochen, und wenn er der Steinigung zustimmt hätte, hätte er er seinem Gebot der Liebe widersprochen - durch reine Logik war dieser Falle nicht zu entkommen, aber durchaus durch Gottes Eingebung.

Christus ist das Vorbild

Es ist bei allem Gott Vater, der durch Christus oder den einzelnen Menschen wirken will und für den sich der einzelne Mensch öffnen muß. Dies gilt auch für das Vollbringen von Wundern. Derjenige, der das Wunder vollbringt, öffnet sich für Gott, damit dieser durch den Menschen das Wunder tun kann.

> "Da antwortete Jesus und sprach zu ihnen: "Wahrlich, wahrlich, ich sage euch: Der Sohn kann nichts von sich selber tun, sondern was er siehet den Vater tun; denn was dieser tut, das tut gleicherweise auch der Sohn. Der Vater aber hat den Sohn lieb und zeigt ihm alles, was er tut, und wird ihm noch größere Werke zeigen, daß ihr euch verwundern werdet. Denn wie der Vater die Toten aufweckt und macht sie lebendig, also auch der Sohn macht lebendig, welche er will. Ich kann nichts von mir selber tun. Wie ich höre, so richte ich, und mein Gericht ist recht; denn ich suche nicht meinen Willen, sondern des Vaters Willen, der mich gesandt hat." (Jo 5. 19-21, 30)

Aus dieser Haltung heraus ergibt sich auch Christi Selbstverständnis: Gott ist sein Vater, und er ist der Sohn Gottes, weil er mit ihm vereint ist - aber er ist nicht Gott selber, sondern er ist der Übermittler von Gottes Botschaften, er ist ein Werkzeug Gottes.

Der Begriff „Sohn Gottes" ist in den drei Jahrtausenden vor Christi Geburt ein weitverbreitetes Bild gewesen, um die enge Verbindung zwischen einem Menschen und einer Gottheit darzustellen. So nannte sich z.B. der Pharao und der Inka, also der König der Quetchua-Indianer „Sohn der Sonne" und der chinesische Kaiser „Sohn des Himmels". Auch die babylonischen, akkadischen und persischen Könige sahen sich als den Sohn ihres jeweiligen Himmelsgottes an. Die Vorstellung dabei war in den meisten Fällen, daß die jeweilige Gottheit in dem König oder auch dem Propheten wohnte – wie z.B. der Falkengott Horus in dem Pharao oder der Buddha Amithaba in dem Dalai Lama.

Die spätere abgemilderte und rationalisierte Variante dieses Bildes war der „Stellvertreters Gottes auf Erden", als den sich viele religiöse Führer wie z.B. der Papst und auch alle Kaiser und Könige bis noch hinein in die Neuzeit auffaßten – so hat z.B. Friedrich der Große nach der deutschen Revolution die „Kaiserkrone von Volkeshand" abgelehnt, weil „das Kaisertum nur von Gott verliehen werden kann".

Diese Auffassung von Christus als Vorbild entspricht der generellen Haltung der christlichen Mystiker und Mönche, die alle die "Nachfolge Christi" anstreben. Dies hat Igantius von Loyola, der Gründer des Jesuitenordens, am deutlichsten beschrieben, als er seine Mönche anwies, das Neue Testament zu lesen und sich dabei vorzustellen, alle beschriebenen Ereignisse aus der Sicht von Christus zu erleben. Christus ist also das Vorbild, durch das man selber das erreichen kann, was Christus erreicht hat.

> "Jesus aber rief und sprach: "Wer an mich glaubt, der glaubt nicht an mich, sondern an den, der mich gesandt hat. Und wer mich sieht, der sieht den, der mich gesandt hat. ... Denn ich habe nicht von mir selber geredet; sondern der Vater, der mich gesandt hat, der hat mir ein Gebot gegeben, was ich tun und reden soll. Und ich weiß, daß sein Gebot ist das ewige Leben. Darum, was ich rede, das rede ich also, wie mir der Vater gesagt hat." (Jo 12. 44-45, 49-50)

Daran zeigt sich, daß Christus eine Orientierungs-Funktion hat: er ist das Urbild des Menschen, der die Einheit mit Gott erreicht hat und daher steht er symbolisch an der Pforte des Paradieses und ist die Brücke zu Gott. Durch die Liebe zu Christus wird der historische Christus als "lebendiges Urbild" erkannt und schließlich als "Christus in mir" erlebt, wodurch er die eigene Psyche heilen und den Weg zum Erleben von Gott Vater bereiten kann.

In der jüdischen Mystik gibt es den Lebensbaum, der auf die Weltenbaum-Symbolik zurückgeht. Er ist auch eng mit dem Götterberg und den ägyptischen und babylonischen Pyramiden verwandt, die alle den Weg von der Erde zu Gott in verschiedene Schritte aufteilen. Der zentrale Teil des kabbalistischen Weltenbaumes ist die „Mittlere Säule". Die fünf Stufen auf ihr sind von unten nach oben gesehen die Erde, die Lebenskraft, die Seele, die Gottheiten bzw. Erzengel und schließlich Gott selber. Diese Stufen finden sich auch in der christlicher Symbolik:

Stufe auf der Mittleren Säule	wörtliche Bedeutung	Bereich	christliche Entsprechung
Kether	"Krone"	Einheit	Gott Vater
Daath	"Wissen"	Urbild, Gottheiten	Christus
Tiphareth	"Schönheit"	Seelenbereich	Seele, Engel
Yesod	"Fundament"	Lebenskraft	Heiliger Geist
Malkuth	"Königreich"	Welt, Körper	Körper

Die Einheit mit Gott ist das eigentliche Ziel und Christus ist der Beweis, daß dieses Ziel erreichbar ist, weshalb er innerhalb des Christentums das Vorbild und das Urbild für diese Einheit mit Gott ist.

"Ich und der Vater sind eins." (Jo 10. 30)

Den Menschen die Möglichkeit zu geben, diesen Weg zu gehen, sieht Christus als sein Ziel an:

"Und ich habe ihnen Deinen Namen kundgetan und will ihn kundtun, auf daß die Liebe, damit Du mich liebest, sei in ihnen und ich in ihnen." (Jo 17. 26)

Dadurch, daß Christus diesen Weg zu Gott für die Menschen leichter begehbar macht, erhalten die Menschen die Möglichkeit, Seelenfrieden zu finden:

"Solches habe ich euch geredet, daß ihr in mir Frieden habet. In der Welt habt ihr Angst; aber seid getrost, ich habe die Welt überwunden." (Jo 16. 33)

Der Weg zu der konkret erlebten Einheit mit Gott und somit zu dem eigenen Seelenfrieden ist die Identifizierung mit Christus durch die Liebe zu Christus. Christus stellt also schon selber das Prinzip der "Nachfolge Christi" seinen Jüngern dar:

"(zu den Aposteln:) Bleibet in mir, und ich in euch." (Jo 15. 4)

Dieser Weg zu der Einheit mit Gott ist aber nicht nur für Christi Jünger begehbar, sondern für alle, die an Christus glauben. Dies wird möglich, weil Christus (und durch ihn hindurch Gott Vater) nach seinem Tod durch den Heiligen Geist weiterhin auf der Erde wirken kann.

> "Ich bitte aber nicht allein für sie, sondern auch für die, so durch ihr Wort an mich glauben werden, auf daß sie alle eins seien, gleichwie Du, Vater, in mir und ich in Dir; daß auch sie in uns eins seien, auf das die Welt glaube, Du habest mich gesandt." (Jo 17. 20-21)

Auch dies kann Christus nicht aus sich heraus vollbringen, denn er ist auch im Jenseits nicht Gott, sondern "Gottes Botschafter". Daher bittet er Gott Vater, daß er den Menschen nach seiner Kreuzigung weiterhin hilft, mit ihm eins zu werden.

Einheit mit Gott

Die Voraussetzung dafür, daß der Einzelne die Einheit mit Gott erreichen kann, sind das aufrichtige Streben, also der Glauben, womit das Loslassen, also die Reinheit verbunden ist.

> "Selig sind, die reines Herzens sind, denn sie werden Gott schauen." (Mt 5. 8)

Dabei ist die Nachfolge Christi, also die innere Vereinigung mit ihm, der einfachste Weg:

> "(zu den Aposteln:) Bleibet in mir, und ich in euch." (Jo 15. 4)

Die Einheit mit Gott ist der größte Quell der Freude, selbst wenn dies den Tod bedeutet. Hierin liegt letztlich auch die Bereitschaft zum Märtyrertod begründet - was aber keineswegs bedeutet, daß der Märtyrertod an sich ein erstrebenswertes Ziel sei.

> "Ihr habt gehört, daß ich euch gesagt habe: Ich gehe hin, und komme wieder zu euch. Hättet ihr mich lieb, so würdet ihr euch freuen, daß ich gesagt habe: "Ich gehe zum Vater."; denn der Vater ist größer als ich." (Jo 14. 28)

Christus betet vor seinem Tod zu Gott für seine Jünger und alle, an die an Gott glauben, daß auch sie die Einheit mit Gott erreichen, so wie Christus die Einheit mit Gott erreicht hat.

> "Und ich bin nicht mehr in der Welt; sie aber sind in der Welt, und ich komme zu Dir. Heiliger Vater, erhalte sie in Deinem Namen, die Du mir gegeben hast, daß sie eins seien gleichwie wir." (Jo 17. 11)

Meister Ekkehard gibt in seinen Predigten und Traktaten die verschiedensten Anweisungen, wie man die Einheit mit Gott erreichen kann:

> - Man sollte die Konzentration auf Gott nicht vom Ort und den

Umständen wie z.B. dem Leben in einer Einsiedelei abhängig machen, sondern bei allem, was man tut, innerlich Gott zugewandt sein.

- Man sollte nach Gott streben und nicht nur an Gott denken, denn das bringt nicht viel.

- Die Konzentration auf Gott und das Streben nach Gott entstehen aus der Liebe zu Gott.

- Man sollte Gott in allen Dingen sehen.

- Man sollte alle Dinge nutzen, aber nicht an ihnen haften. Dies kann man erreichen, indem man innerlich voll von Gott ist.

- Man sollte sich bewußt machen, daß Gott im Grunde der Seele verborgen liegt.

- Man sollte alles als von Gott kommend willkommen heißen, denn Gott sendet immer nur das, was das beste in einer Situation ist (auch wenn man es nicht versteht). Daher sollte man in allem zuerst Gott sehen, denn dadurch "empfängt alles seinen Geschmack von Gott und wird göttlich".

- Man sollte sich bewußt machen, daß man wahren Frieden nur in Gott finden kann und dann alle seine eigenen Taten mit Gott erfüllen.

- "Wer aber seine Werke aus einem gleichen Gemüte täte, wahrlich, dessen Werke wären auch alle gleich, und mit wem es recht stünde, wem Gott so eigen geworden wäre, fürwahr, dem leuchtete Gott ebenso unverhüllt im weltlichen wie im allergöttlichsten Werk." (meine Zusammenfassung von ME)

Die Liebe zu Gott führt nicht dazu, daß man sich nicht mehr für die Welt an sich interessiert, sondern daß man sich für sie als Gottes Schöpfung öffnet und sie so liebt wie man Gott liebt. Durch die Einheit mit Gott wird man auch eins mit seiner Schöpfung, denn Gott und seine Schöpfung sind nicht verschieden. Der erste Schritt ist dabei die Erkenntnis, daß Gott in allen Menschen ist.

"Ein neu Gebot gebe ich euch, daß ihr euch untereinander liebet, wie ich euch geliebt habe, auf daß auch ihr einander liebhabet. Dabei wird jedermann erkennen, daß ihr meine Jünger seid, so ihr Liebe untereinander habt." (Jo 13. 34-35)

Diese Liebe zu den Menschen ist umfassend und bezieht sich keineswegs nur auf die eigenen Freunde und Verwandten:

> "Ich aber sage euch: Liebet eure Feinde; segnet, die euch fluchen; tut wohl denen, die euch hassen; bittet für die, die euch beleidigen und verfolgen, auf daß ihr Kinder seid eures Vaters im Himmel; denn er läßt seine Sonne aufgehen über die Bösen und über die Guten und läßt regnen über Gerechte und Ungerechte." (Mt 5. 44-45)

Diese Haltung des „Liebet eure Feinde!" ist auch ein wichtiges psychologisches Prinzip, denn in der Psyche kann sich nur das verändern, was zunächst einmal willkommen geheißen wurde. Alle Dinge, egal ob es Teile der eigene Psyche, schmerzende Körperteile, Freunde oder Gegner sind, suchen und brauchen zunächst einmal dasselbe: Freundlichkeit und Raum, um sich zu zeigen.

In der Anweisung „Liebet eure Feinde!" verbinden sich zwei von Buddhas Merkmalen eines Erleuchteten: der unendliche Gleichmut (Bejahung) und die unendliche Freundlichkeit. Diese Liebe zu den Feinden ist durchaus ganz real gemeint – es hat erstaunliche Auswirkungen, wenn man sich einmal zuhause in aller Stille hinsetzt, sich innerlich sammelt und z.B. den eigenen Chef, von dem man dauernd schikaniert wird, im eigenen Leben willkommen heißt, ihn in der eigenen Vorstellung umarmt und ihn bittet, einem deutlich zu machen, was sein Geschenk ist, das er einem bringt. Es lohnt sich, dies einmal auszuprobieren.

Wunder

Die Segnungen, Einweihungen und das Streben nach der Einheit mit Gott führen auch zu verschiedenen "magisch-spirituellen Phänomenen" wie z.B. der Telepathie, die von fast allen Mystikern bekannt ist. Die Fähigkeit, die Gedanken anderer Menschen zu erkennen, wird mehrfach über Christus berichtet:

"Und siehe, etliche unter den Schriftgelehrten sprachen bei sich selbst: "Dieser lästert Gott." Da aber Jesus ihre Gedanken sah, sprach er: "Warum denkt ihr so Arges in euren Herzen?" " (Mt 9. 3-4)

"Und Jesus erkannte alsbald in seinem Geist, daß sie also gedachten bei sich selbst, und sprach zu ihnen: "Was gedenket ihr solches in euren Herzen?" " (Mr 2. 8)

"Das Weib antwortete und sprach zu ihm: "Ich habe keinen Mann." Jesus spricht zu ihr: "Du hast recht gesagt: Ich habe keinen Mann. Du hast fünf Männer gehabt, und den Du nun hast, der ist nicht Dein Mann; das hast Du recht gesagt." Das Weib spricht zu ihm: "Herr, ich sehe, daß Du ein Prophet bist." (Jo 17-19)

Nahe verwandt mit der Telepathie ist die Vorhersage von Ereignissen. Auch diese Fähigkeit wird mehrfach von Christus berichtet. Die größte seiner Vorhersage ist die Ankündigung seines Opfertodes, die sich an vielen Stellen im Neuen Testament findet. Aber auch in unbedeutenderen Situationen sagt Christus immer wieder einmal voraus, was geschehen wird:

"Jetzt sage ich's euch, ehe es (der Verrat durch Judas) denn geschieht, auf daß, wenn es geschehen ist, ihr glaubet, daß ich es bin." (Jo 13. 19)

"Jesus antwortete ihm (Petrus): „Solltest Du Dein Leben für mich lassen? Wahrlich, wahrlich, ich sage Dir: Der Hahn wird nicht krähen, bis Du mich dreimal habest verleugnet."" (Jo 13. 38)

"Auf daß wir sie aber nicht ärgern, so gehe hin an das Meer und wirf die Angel, und den ersten Fisch, der herauffährt, den nimm; und wenn Du seinen Mund auftust, wirst Du einen Stater (Münze) finden; den nimm und gib ihnen für mich und für Dich." (Mt 17. 27)

"Und am ersten Tage der süßen Brote, da man das Osterlamm opferte, sprachen seine Jünger zu ihm: "Wo willst Du, daß wir gehen und bereiten, daß du das Osterlamm essest?" Und er sandte seiner Jünger zwei und sprach zu ihnen: "Gehet hin in die Stadt, und es wird euch ein Mensch begegnen, der trägt einen Krug mit Wasser; folgt ihm nach, und wo er eingeht, da sprecht zu dem Hauswirte: "Der Meister läßt Dir sagen: Wo ist das Gasthaus, darinnen ich das Osterlamm esse mit meinen Jüngern? Und er wird euch einen großen Saal zeigen, der mit Polstern versehen und bereit ist; daselbst richtet für uns zu." Und die Jünger gingen aus und kamen in die Stadt und fanden's, wie er ihnen gesagt hatte, und bereiteten das Osterlamm." (Mr 14. 12-16)

Es findet sich auch die Vorstellung einer Wiedergeburt in den Reden Christi, wobei diese sich z.T. auf die Ankündigungen der Propheten des Alten Testamentes beziehen. Diese Reinkarnation ist hier allerdings kein generelles Prinzip, aber zumindest eine Möglichkeit, die zumindest einige der Propheten haben. Insbesondere von Elias wird angenommen, daß er sich noch einmal inkarniert und Christus bestätigt, daß Johannes der Täufer die Reinkarnation des Elias ist.

"Denn alle Propheten und das Gesetz haben geweissagt bis auf Johannes. Und (so ihr's wollt annnehmen) er ist ist Elia, der da soll zukünftig sein." (Mt 11. 13-14)

"Und da sie vom Berge herabgingen, gebot ihnen Jesus und sprach: "Ihr sollt dies Gesicht niemandem sagen, bis das des Menschen Sohn von den Toten auferstanden ist." Und seine Jünger fragten ihn und sprachen: "Was sagen denn die Schriftgelehrten, Elia müsse zuvor kommen?" Jesus antwortete und sprach zu ihnen: "Elia soll ja zuvor kommen und alles zurechtbringen. Doch ich sage euch: Es ist Elia schon gekommen, und sie haben ihn nicht erkannt, sondern haben an ihm getan, was sie wollten. Also wird auch des Menschen Sohn leiden müssen von ihnen." Da verstanden die Jünger, daß er von Johannes dem Täufer geredet hatte." (Mt 17. 9-13)

Man scheint damals angenommen zu haben, daß jemand, der Wunder vollbringen kann, schon einmal gelebt haben könnte, da man auch Vermutungen darüber anstellte, wer Christus in seinem früheren Leben gewesen sein könnte.

"Da kam Jesus in die Gegend der Stadt Cäsarea Phillipi und fragte seine Jünger und sprach: "Wer sagen die Leute, daß des Menschen Sohn sei?" Sie sprachen: "Etliche sagen, Du seist Johannes der Täufer; die anderen, Du seist Elia; etliche, Du seist Jeremia oder der Propheten einer." " (Mt16. 13-14)

Mit dieser Vorstellung ist offenbar eine andere Vorstellung verbunden, die sich aus dem Übertragen der eigenen Fähigkeiten auf den eigenen Nachfolger ergibt, wie sie sich bei Moses - Josua, Elias - Elisa und Johannes - Christus - Jünger beschrieben wird.

Aus der Kombination dieser Einzelübertragungen eines Segens, von denen einige in der Bibel berichtet werden, ergibt sich das Bild einer Übertragungslinie von Moses bis Christus. Solche Übertragungslinien sind im Hinduismus und im Buddhismus eine weitverbreitete Vorstellung. Auch im Christentum gibt es eine solche Übertragungslinie: Christus - Petrus - die Päpste.

In den aus Indien und Tibet stammenden Meditationen ist die Anrufung des Religionsgründers und evtl. einiger wichtiger Yogis oder Lamas der Übertragungslinie ein zentrales Element, durch das der Meditierende den Segen direkt von dem Religionsgründer erhält.

Im Christentum entspricht dieses Prinzip der "Nachfolge Christi", durch den der Betende den Segen Christi im Gebet direkt von Christus und nicht nur indirekt bei seiner Ordination über seinen Weihbischof erlangen kann, der seinen Segen wiederum von seinem Kardinal, dieser von dem amtierenden Papst und so weiter bis zurück zu Petrus und Christus erhalten hat.

Offenbar benutzte Christus bei seinen Gebeten auch diese Vorstellung, denn dies würde erklären, warum bei seiner "Verklärung" neben ihm Mose, der Gründer seiner Religion, und Elia, der wichtigste Erneuerer seiner Religion, erschienen. Er betete offenbar nicht nur zu Gott, sondern bat auch Mose und Elias um ihren Segen und ihre Hilfe.

Die Vorstellung, das sich bedeutende Propheten, also Mitglieder der Übertragungslinie von Moses bis zu Christus, wieder inkarnieren können, erinnert an die tibetischen Tulkus, also die Lamas, die in der Lage sind, sich an ihre früheren Leben zu erinnern und ihre zukünftigen Leben vorauszusagen. Auch die alttestamentlichen Propheten sagten die Geburt des Messias, also von Christus voraus.

Die Reinkarnationsvorstellungen sind hier also nicht so individualisiert wie in Indien und Tibet, sondern eher ein Kollektivphänomen der Propheten, also der jüdischen Mystiker. Dies erscheint auch insofern plausibel, als daß das intensive Streben nach Gott dieser Propheten nicht nur dazu führt, daß sie in der Lage sind, Wunder zu vollbringen, sondern auch dazu, daß sie Gott direkter erleben und somit ihre Wahrnehmungsfähigkeit in den Bereich der Seele und somit auch in das Jenseits hinein ausdehnen können - wo man dann früher oder später auch auf die Erinnerung an frühere Leben oder eben auf das Vorhersehen zukünftiger Leben oder Ereignisse stößt.

Die Liebe zu Gott ist im Christentum das zentrale Element, das der "Schlange der Weisheit" entspricht. Dem "Blitzstrahl der Schöpfung" entsprechen die Wunder, die dadurch möglich werden, daß der Betreffende sein Bewußtsein soweit integriert und ausdehnt, daß er einen direkten Kontakt zu Gott erhält (also zumindest bis „hinauf" zu seiner Seele), und dann selber von dort oben aus Wirkungen in der Welt hervorrufen kann. Dieses Handeln von „immer weiter oben" aus führt zu einer immer größeren Handlungsfreiheit, denn die Materie ist das Determinierte und Gott ist die Freiheit.

Die Materie ist deshalb in ihrem Verhalten festgelegt, weil in der Welt eine so große Anzahl von Teilchen aufeinander wirken, und Gott ist einfach deshalb frei, weil es nichts außerhalb von ihm gibt, was ihn in irgendeiner Weise beeinflussen könnte.

Daher ist das Aufsteigen auf dem Lebensbaum mithilfe der "Schlange der

Weisheit" die Voraussetzung dafür, daß mithilfe des "Blitzstrahles der Schöpfung" Wunder vollbracht werden können.

Im Alten Testament vollbringen insbesondere Mose, Elia und Elisa Wunder der verschiedensten Art, und im Neuen Testament sind es vor allem Christus und Petrus, die Wunder vollbringen.

Die Wunder im Alten Testament umfassen unter anderem magische Verfluchungen (Elia, Elisa; Mose im Kampf mit den Magiern des Pharaos), Verwandlung eines Stabes in eine Schlange (Mose und Aaron), Fleisch und Brot vom Himmel regnen lassen (Mose), das Hervorspringenlassen von Quellen in der Wüste (Mose), die Teilung des Roten Meeres (Mose) und des Jordans (Elia, Elisa), des Herabrufen von Feuer zum Entzünden eines nassen Holzstoßes (Elia), das Herbeirufen von Regen (Elia), Vorhersagen eines Todes (Elia), Auffahren zum Himmel bei lebendigem Leibe (Elia), die Entrückung des Leichnams (Mose), Verwandlung von giftigem Wasser in gesundes Wasser und von giftiger Speise in gesunde Speise (Elisa), das Schwimmenlassen von Eisen (Elisa), Vermehrung von einem Krug Öl in viele Krüge Öl (Elisa), Vermehrung von Broten (Elisa), Auferweckung von Toten (Elisa), Heilung von Krankheiten (Elisa), Telepathie und Erkennen, was in der Ferne geschieht (Elisa) und die Verfluchung von ganzen feindlichen Heeren (Elisa).

Einige dieser Wunder finden sich auch bei Christus wieder wie die Verfluchungen (ein Feigenbaum), die Verwandlung einer Substanz in eine andere (Wasser in Wein), die Speisung einer großen Zahl von Menschen mit einer sehr geringen Menge Broten (Speisung der Fünftausend), das Auferwecken von Toten und das Auffahren gen Himmel.

Diese Ähnlichkeiten der Wunder Christi mit den Wundern von Mose, Elia und Elisa sprechen zusammen mit der Erscheinung von Mose und Elia bei Christi Verklärung dafür, daß es sich bei Mose und Elia und auch bei Elisa um die "spirituellen Vorfahren" in der Übertragungslinie von Christus handelt.

Da Mose, der Gründer dieser Übertragungslinie, bei den Ägyptern aufgewachsen ist und sich mit ihnen einen magischen Kampf liefert, bei der Mose die Ägypten mit immer neuen Plagen verflucht, und da von den ägyptischen Magiern aus der altägyptischen Literatur ganz ähnliche Fähigkeiten bekannt sind wie von den biblischen Propheten, ist anzunehmen, daß die heutige christliche Übertragungslinie über die Päpste,

Petrus, Christus, Johannes den Täufer, verschiedene Propheten, Elisa, Elia, weitere Propheten, Josua und schließlich Moses bis auf die altägyptischen Magier und noch weiter zu den steinzeitlichen Schamanen zurückreicht.

Für diese Annahme einer engen Verbindung zwischen Ägypten und Moses, der ja in Ägypten aufgewachsen ist, spricht auch, daß viele alttestamentliche religiöse Vorstellungen und Bräuche wie der Monotheismus (Echnaton), die Taufe, die Engel usw. in Ägypten entstanden sind. Diese altägyptischen monotheistischen religiösen Ansätze wurden von Mose und Aaron wesentlich prägnanter formuliert als es in Ägypten selber nach dem Ende der Regierungszeit von Echnaton geschehen war - oder anders formuliert: Gott hat Mose und Aaron inspiriert, um sie anzuleiten, ihn als den einen Schöpfergott zu erkennen und die auch die Möglichkeit zu erkennen und vorzuleben, ein von Gott erfülltes Leben zu leben.

Diese Betrachtungen zeigen unter anderem auch wieder deutlich, daß Christus nicht das Ziel, sondern das Vorbild ist: Christus zufolge erreicht man das Heil, indem man wie er Gott liebt.

Auf diesem Zusammenhang beruht letztlich die Grundübung der christlichen Mönche: die Nachfolge Christi, also das Lesen des Neuen Testamentes aus Christi Sicht und die Imagination, selber Christus zu sein. Entsprechend ist es die wichtigste Imagination der christlichen Nonnen, mit Christus verheiratet zu sein.

Die Wunder, die Christus vollbracht hat, waren in erster Linie die Heilung von Kranken. Die Steigerung davon ist das Auferwecken von Toten, das auch schon von dem Propheten Elisa berichtet wird:

>"Und als er in des Obersten Haus kam und sah die Pfeifer und das Getümmel des Volks, sprach er zu ihnen: "Weichet: denn das Mägdlein ist nicht tot, sondern es schläft." Und sie verlachten ihn. Als aber das Volk hinausgetrieben war, ging er hinein und ergriff es bei der Hand; da stand das Mägdlein auf." (Mt 9. 23-25)

Christus hat nicht seine Wunder vollbracht und dann anschließend Gott Vater für seine Hilfe gedankt, sondern er dankte Gott Vater vor der Wundertat für das Wunder - er vertraute Gott Vater so vollkommen und folgte in allem Gottes Willen, sodaß er keinerlei Zweifel daran hatte, daß geschehen würde, was Gott durch ihn sprach. Am deutlichsten spricht Christus diesen Zusammenhang bei der Auferweckung des toten Lazarus aus:

> "Da hoben sie den Stein ab, da der Verstorbene lag. Jesus aber hob seine Augen empor und sprach: "Vater, ich danke Dir, daß Du mich erhört hast. Doch ich weiß, daß du mich allezeit hörest; aber um des Volks willen, das umhersteht, sage ich's, daß sie glauben, du habest mich gesandt." Da er das gesagt hatte, rief er mit lauter Stimme: "Lazarus, komm heraus!" Und der Verstorbene kam heraus, gebunden mit Grabtüchern an Füßen und Händen und sein Angesicht umhüllt mit einem Schweißtuch. Jesus spricht zu ihnen: "Löset ihn auf und lasset ihn gehen!" " (Jo 11. 41-44)

Auch in den apokryphen Evangelien wird von der Auferweckung von Toten berichtet (KTho 3.,3; 4.,1; 8.; 10.,2; 14.,2; 15., 4; 17.; 18.) Eines der größten Wunder ist sicherlich Christi eigene Auferstehung von den Toten. Eine solche Auferstehung findet sich in der religiösen Literatur nur sehr selten. Ein Beispiel ist der Mitte des 20. Jahrhunderts verstorbene Sri Yukteshvar, der nach seinem Tod einigen seiner Schüler noch einmal in leiblicher und „anfaßbarer" Gestalt erschien.

Die Vermehrung von Speisen wird wie die Heilung von Kranken und die Auferweckung von Toten auch schon im Alten Testament berichtet:

> "Und er hieß das Volk sich lagern auf das Gras und nahm die fünf Brote und die zwei Fische, sah auf und dankte und brach's und gab die Brote den Jüngern, und die Jünger gaben sie dem Volk. Und sie aßen alle und wurden satt und hoben auf, was übrigblieb von Brocken, zwölf Körbe voll. Die aber gegessen hatten, waren bei fünftausend Mann, ohne Weiber und Kinder." (Mt 14. 19-21)

Das Beruhigen des Sturmes durch Christus erinnert an das Herbeirufen von Regen durch Elia im alten Testament:

> "Und siehe, da erhob sich ein großes Ungestüm im Meer, also daß auch das Schifflein mit Wellen bedeckt ward; und er schlief. Und die

Jünger traten zu ihm und weckten ihn auf und sprachen: "Herr, hilf uns, wir verderben!" Da sagte er zu ihnen: "Ihr Kleingläubigen, warum seid ihr so furchtsam?" Und stand auf und bedrohte den Wind und das Meer; da ward es ganz stille." (Mt 8. 24-26)

Das Gehen über den See Genezareth hingegen ist eine neue Art von Wunder, die im Alten Testament nicht vorkommt, aber von vielen Yogis und buddhistischen Heiligen bekannt ist:

"Aber in der vierten Nachtwache kam Jesus zu ihnen und ging auf dem Meer. Und da ihn die Jünger sahen auf dem Meer gehen, erschraken sie und sprachen: "Es ist ein Gespenst!" und schrien vor Furcht. Aber alsbald redete Jesus mit ihnen und sprach: "Seid getrost, ich bin's; fürchtet euch nicht!" Petrus aber antwortete ihm und sprach: "Herr, bist Du es, so heiß mich zu dir kommen auf dem Wasser." Und er sprach: "Komm her!" Und Petrus trat aus dem Schiff und ging auf dem Wasser, daß er zu Jesus käme. Er aber sah einen starken Wind; da erschrak er und hob an zu sinken, schrie und sprach: "Herr, hilf mir!" Jesus aber reckte alsbald die Hand aus und ergriff ihn und sprach zu ihm: "O Du Kleingläubiger, warum zweifeltest Du?" (Mt 14. 25-31)

In den Apokryphen wird eine weitere Art Wunder berichtet, die vorher noch nicht vollbracht worden ist und die sowohl an den alttestamentarischen Schöpfungsbericht als auch an altägyptische Schöpfungsvorstellungen (Ptah erschafft auf seiner Töpferscheibe den ersten Menschen) erinnert:

"Als ein Jude sah, was Jesus am Sabbath beim Spielen machte, ging er sofort los und beschwerte sich bei dessen Vater Josef: "Sieh nur, Dein Junge ist am Bach. Aus Lehm formte er zwölf Vögel und hat damit den Sabbath entweiht." Als nun Josef an die Stelle kam und es sah, fuhr er ihn an: Warum tust du am Sabbath etwas Verbotenes?" Jesus aber klatschte in die Hände und rief den Sperlingen zu: "Fort mit euch!" Und die Sperlinge breiteten ihre Flügel aus und flogen zwitschernd davon." (Tho 2. 3-4)

Das erste Wunder, das Christus in den (nicht apokryphen) Evangelien vollbracht hat, ist eine Tat, die das Genießen des Lebens fördern sollte und weit weniger dramatisch war als seine anderen Wundertaten. Diese erste „offizielle Wunder" zeigt deutlich, daß Christus nichts gegen das Genießen des Lebens einzuwenden hat und es sogar noch fördert.

"Jesus spricht zu ihnen: "Füllet die Wasserkrüge mit Wasser!" Und sie füllten sie bis obenan. Und er spricht zu ihnen: "Schöpfet nun und bringt's dem Speisemeister!" Und sie brachten's. Als aber der Speisemeister kostete den Wein, der Wasser gewesen war, und wußte nicht, von wannen er kam (die Diener aber wußten's, die das Wasser geschöpft hatten), ruft der Speisemeister den Bräutigam und spricht zu ihm: "Jedermann gibt zum ersten guten Wein, und wenn sie trunken geworden sind, alsdann den geringeren; Du hast den guten Wein bisher behalten." Das ist das erste Zeichen, das Jesus tat. ..." (Jo 2. 7-10)

Christus Fähigkeit, durch verschlossene Türen zu gehen, findet sich einige Jahre später auch in einem Bericht über Petrus:

"Und über acht Tage waren abermals seine Jünger drinnen und Thomas mit ihnen. Kommt Jesus, da die Türen verschlossen waren, und tritt mitten ein und spricht: Friede sei mit euch!" (Jo 20. 27)

"Und Petrus ward zwar im Gefängnis gehalten; aber die Gemeinde betete ohne Unterlaß für ihn zu Gott. ... Und siehe, der Engel des Herrn kam daher, und ein Licht schien in dem Gemach; und er schlug Petrus an die Seite und weckte ihn und sprach: "Stehe behende auf!" Und die Ketten fielen von seinen Händen. ... Und er (Petrus) ging hinaus und folgte ihm (dem Engel) und wußte nicht, daß ihm wahrhaftig solches geschähe durch den Engel; sondern es deuchte ihn, er sähe ein Gesicht. ... Und da Petrus zu sich selber kam, sprach er: "Nun weiß ich wahrhaftig, daß der Herr seinen Engel gesandt hat und mich errettet aus der Hand des Herodes und von allem Warten des jüdischen Volkes." " (Ap 12. 5, 7, 9, 11)

Ebenso finden sich in der Apostelgeschichte Heilungen durch Petrus:

> "Petrus aber sah ihn (einen lahmen Mann) an mit Johannes und sprach: "Sieh uns an!" ... Petrus aber sprach: Silber und Gold habe ich nicht; was ich aber habe, das gebe ich Dir: Im Namen Jesu Christi von Nazareth stehe auf und wandle!" Und griff ihn bei der rechten Hand und richtete ihn auf. Alsobald standen seine Schenkel und Knöchel fest." (Ap 3. 4, 6-7)

Es ist nun interessant, daß diese Wunder den Wundern der "heiligen Männer" in anderen Religionen vergleichbar sind. Der Regenzauber und andere Beeinflussungen des Wetters sind von vielen Völkern bekannt. Ebenso wird die Heilung von Kranken von vielen Yogis berichtet und gelegentlich auch eine Auferweckung von den Toten. Das Gehen über Wasser ist eine bekannte Szene in den Geschichten von buddhistischen Heiligen. Verwandlungen von Dingen in andere Dinge gehörten schon zum Standardrepertoire der altägyptischen Zauberer. Des Aufsteigen in den Himmel ist besonders aus der buddhistischen Literatur bekannt und ebenso das Gehen durch verschlossene Türen oder durch Felsen sowie das Schweben. Die Vermehrung von Speisen scheint eine "Spezialität" der jüdisch-christlichen Tradition zu sein. Die Telepathie gehört hingegen zum „Standardrepertoire" aller „heiligen Männer".

Dies schmälert nun keineswegs die Bedeutung Christi, sondern es zeigt vor allem, daß diese Wundertaten und die Einheit mit Gott, auf der sie beruhen, allen Menschen offenstehen. Auch Christus selber sagt ja, daß jeder seine Wunder und noch größere vollbringen kann – Christus sieht sich also nicht als etwas Besonders oder Einmaliges.

Das in fast jeder Religion beschriebene Erlebnis der Einheit mit Gott und der daraus resultierenden Wundertaten zeigen, daß beides etwas ist, was im Wesen der Welt liegt, in der wir leben und daß dies nicht von der Religion abhängig ist, zu der man gehört. Alle Religionen bemühen sich um eine korrekte Beschreibung der "inneren Welt" und man kann die wesentlichen Elemente in ihnen allen wiederfinden.

Wie im Hinduismus und im Buddhismus werden die Schüler auch im Neuen Testament von ihrem Lehrer, hier also Christus, davor gewarnt, sich zu sehr für ihre neu gewonnenen Fähigkeit zu begeistern und darüber zu vergessen, wodurch sie diese Fähigkeiten erlangt haben. Das Streben nach der Einheit mit Gott hat als Nebeneffekt die Fähigkeit, Wunder zu tun, aber diese Fähigkeit wird schnell verblassen, wenn man nicht weiterhin nach Gott strebt.

"Doch darin freuet euch nicht, daß euch die Geister untertan sind. Freuet euch aber, daß eure Namen im Himmel geschrieben sind." (Lu 10. 20)

Zeit der Übung

Im neuen Testament wird offenbar die Zeitspanne von 40 Tagen als der Entwicklungszeitraum für wesentliche Dinge angesehen:

> "Da ward Jesus vom Geist in die Wüste geführt, auf daß er von dem Teufel versucht würde. Und da er vierzig Tage und vierzig Nächte gefastet hatte, hungerte ihn." (Mt 4. 1-2)

> "... welchen er sich nach seinem Leiden lebendig erzeigt hatte durch mancherlei Erweisungen, und ließ sich sehen unter ihnen vierzig Tage lang ..." (Ap 1. 3)

Solche Zeitspannen und „magischen Zahlen" finden sich in allen Religionen – in China sind es oft 81 oder 64, im Alten Ägypten 21 oder 42 (2·21), im Hinduismus des öfteren auch 21, im Buddhismus meistens 8, im Judentum meist 10, bei den Mayas 64 usw. Diese Zeitspannen sind in der Regel aus rituellen Traditionen entstanden.

Zusammenfassung

Die Lehre Christi ist insgesamt sehr geradlinig und schlicht: Die Liebe zu Gott und zu seiner Schöpfung führt letztlich zu der bewußten Einheit mit Gott, aus der heraus man dann Wunder tun kann. Dabei ist Christus das Vorbild für ein solche Lebensweise und der Heilige Geist der Segen Gottes.

Diese Geradlinigkeit und Schlichtheit hat sicherlich zusammen mit den beeindruckenden Taten und Reden Christi dazu geführt, das sich daraus die Religion mit den meisten Mitgliedern entwickelt hat.

weiter Bücher von Harry Eilenstein

Eltern der Erde

"Eltern der Erde" ist der Versuch, ein "Glasperlenspiel" zur Situation der menschlichen Gesellschaft an der Jahrtausendwende zu entwerfen. Wie in Hermann Hesses Roman "Das Glasperlenspiel" geht es auch in diesem Buch um Zusammenhänge, Analogien und parallele Strukturen in den verschiedenen Bereichen wie Wissenschaft, Philosophie, Religion oder Lebensalltag.

Aus den Gemeinsamkeiten, die sich bei der Betrachtung der inneren Entwicklungslogik in diesen Bereichen entdecken läßt, ergibt sich dann eine Struktur, die die Phase unserer Zivilisation von ca. 1.500 bis heute als die Pubertät der Menschheit erkennen läßt, die nun vor der dringenden Aufgabe des Erwachsenwerdens steht.

Bei der Suche nach diesen Zusammenhängen und allgemeingültigen Entwicklungsmustern stößt man auch auf einige unerwartete Antworten auf recht verschiedene Fragen wie "Warum wurde Moses in einem Weidenkorb ausgesetzt?", "Was ist der "Urstoff" dieser Welt?" oder "Warum müssen wir schlafen?"

Entsprechend dem Wesen der Glasperlenspiele, in dem sich verschiedene Struktursysteme wie der kaballistische Lebensbaum, die Astrologie und die Chakrenlehre mühelos zusammenfügen, führt diese Suche auch zur Entdeckung derselben Strukturen im menschlichen Bewußtsein und in den Gesetzen der Physik, in den Berichten von Nahtod-Erlebnissen und Berichten von Erinnerungen an die die Zeit vor der eigenen Geburt und Zeugung, sowie in vielen anderen Bereichen.

450 Seiten, viele Graphiken und Abbildungen - ISBN-Nr. 3-9806676-1-8

Über die Freude

Freude und die Suche nach Freude ist im Vergleich zum Leid und dem Vermeiden von Leid oft eine relativ unbedeutende Motivation für das Handeln. Meistens führen zwar das Vermeiden von Leid und die Suche nach Freude in eine ähnliche Richtung, aber in dem ersten Fall wartet man passiv, bis einem das Leid zeigt, daß es fast zu spät ist, etwas zu tun, und in dem zweiten Fall strebt man aktiv auf das zu, was man sich für die Zukunft wünscht.

Dies Buch ist mein Versuch, das Wesen der Freude zu ergründen und den Weg zu einem Leben in Freude zu beschreiben. Einer der wichtigsten Punkte dabei ist es, "auf dem Altar der Erkenntnis wieder das Feuer der Begeisterung zu entfachen". Für mich war mein voriges Buch "Eltern der Erde" das Streben nach Erkenntnis, der Versuch, mich und meinen Ort in der Welt zu verstehen. Das Schreiben dieses Buches über die Freude ist nun für mich die Verwandlung dieser Erkenntnisse in Tatkraft gewesen.

Es würde mich freuen, wenn die Gefühle, Gedanken und Bilder in diesem Buch einigen Leserinnen und Lesern helfen würden, einem Leben in Freude wieder etwas näher zu kommen und den Mut zu finden, einen Weg mit Herz zu gehen.

102 Seiten - ISBN-Nr. 3-9806676-2-6

Astrologie

In den mir bekannten Werken habe ich vor allem die Darstellung der inneren Logik des astrologischen Systems vermißt. Nach meiner Erfahrung ist diese innere Logik aber sehr hilfreich sowohl beim Erlernen der Astrologie als auch bei ihrer Anwendung. Mir erscheinen dabei insbesondere drei Aspekte dieser inneren Logik wichtig:

1. das System des Tierkreises sowie die zwölf Aspekte, in die man jedes Tierkreiszeichen noch einmal gliedern kann, um es besser zu verstehen;

2. das Verhältnis der Aspekte zueinander und ihre Gesamtheit als dynamisches System, aus dem man die Qualitäten der zwölf Tierkreiszeichen herleiten kann; sowie

3. die Analogie des Horoskopes zu einem Schauspiel:

a) Bühnenbild — Aszendent
b) Schauspieler — Planeten
c) Rolle des Schauspielers — Tierkreiszeichen, in dem der Planet steht
d) Ort des Schauspielers auf der Bühne — Haus, in dem der Planet steht
e) Drehbuch — Aspekte
f) Regisseur (das Ich, der freie Wille) — Zentrum des Horoskopformulars
g) Seele — "schwebt über dem Horoskop"

322 Seiten, viele Graphiken – ISBN 3-9806676-3-4

Der Lebenskraftkörper

Dieses Buch wurde letztlich durch meine Entdeckung der Analogie zwischen der Sternentstehung und der Struktur der Lebenskraft im menschlichen Körper möglich.

Diese Analogie ermöglicht es, den Aufbau des Lebenskraftkörpers schrittweise darzustellen und von den allgemeinen Strukturen und Dynamiken aus die immer feineren Differenzierungen zu beschreiben. Dabei fügen sich dann die verschiedensten Beschreibungen der Strukturen der Lebenskraft mühelos in diese Grundstruktur ein und wachsen dadurch zu einem umfassenderen Gesamtbild zusammen: die indische Chakrenlehre, die tibetische Lehre von den Bewußtseins-zuständen, die Lehren des Don Juan aus den Büchern von Carlos Castaneda, die Erfahrungen mit Aurareinigungen und Besessenheiten und anderes mehr.

Auch hier findet sich wieder einmal die Tatsache, daß sich auch die komplexesten Systeme aus der Ausdifferenzierung eines einfachen

Grundprinzipes ergeben. Dieses Grundprinzip kann man am besten durch das Bild eines Springbrunnens darstellen: der aufsteigende, schöpferische Strahl, die sich entfaltende Fontäne und die wieder herabfallenden Tropfen. Dieses Prinzip entspricht den kardinalen, fixen und beweglichen Zeichen des Tierkreises, den Göttern Brahma, Vishnu und Shiva oder auch den drei Familien der Elementarteilchen. Durch die Differenzierung jeder dieser drei Entwicklungsphasen entsteht dann das komplexe System des kabbalistischen Lebensbaumes: Die Einheit des Anfangs plus die $3 \cdot 3 = 9$ Entwicklungsphasen plus die Vielheit der Schöpfung.

Das Buch ist so aufgebaut, daß es mit der einfachsten Struktur beginnt und diese dann in jedem Kapitel eine Stufe differenzierter beschreibt. Dabei wird jedes Strukturelement zunächst in seiner Eigenart und dann im Vergleich mit den entsprechenden Strukturen in anderen Systemen wie z.B. der Sternentstehung beschrieben. Die Beschreibung endet dann jedes mal mit einer Anleitung zum Erleben des betreffenden Strukturelementes.

Nach der eigentlichen Beschreibung dieser Strukturelemente folgen dann noch Kapitel, die diese Strukturelemente in größere Zusammenhänge stellen. So wird z.B. in einem Kapitel die Auswirkung dieser Strukturen z.B. auf die Evolution der Vielzeller beschreiben und in einem anderen Kapitel die mythologischen Grundelemente als kollektive Form dieser inneren Struktur-elemente dargestellt.

Einen relativ großen Raum nehmen in diesen Beschreibungen die Chakren als das bekannteste Element des Lebenskraftkörpers ein.

Dieses Buch ist wieder von meinem Bestreben geprägt, das wissenschaftliche Weltbild und meine eigenen spirituellen Erfahrungen durch allgemeine Betrachtungen, durch Analogien und durch das Aufspüren von direkten Wirkungen der Lebenskraft auf die Materie miteinander zu verbinden.

230 Seiten, einige Graphiken – ISBN 978-3837-03052-5